孔子と古代オリエント

磯部　隆　著

大学教育出版

孔子と古代オリエント

目次

序

方法の問題

論語のような古典を読む場合、何か特別の読み方があるわけではなく、人それぞれ自由に、テキストの語る言葉に耳を澄ませばよいのであるが、しかし古典は機械や道具を操作するためのマニュアルのようなものではないのだから、読む側の主体的な姿勢を必要とする。日常の無自覚な時の流れのなかで、一度、時を止め、言葉との対話を深めていかねばならない。そうした対話を行うには一つの条件がある。それはテキストと読者とのあいだに、コミュニケーション可能な、共同体関係が成り立たねばならないということである。この点、論語は、東洋の人間にとっては近づきやすい。何よりもまずそれは漢字で書かれているからである。日本人にとっては、仮名交じり文や、漢字のニュアンスを活かした現代語訳がある。もし、たとえば論語の英訳文を読んだとすれば、あの短い格言風の文章が、どんなにか味気なく、殺風景な印象を与えるか、想像に難くない。

けれども事柄は漢字に限らない。

論語を聖典とする儒教は、仏教とならんで、東洋の精神的伝統をつくってきた。たとえ論語を読まぬ今の世代といえども、その心の内側には儒教的な感性が滲《にじ》んでいる。人は物ごころつくまで親に育くまれ、その親もまたそうだったのである。遠い過去が世代から世代へ流れて伝わり今も生きている。それはちょうど一本の樹木が過去の時を年輪のなかに残しているようなもので、おそらく人の心の奥にも、文化的な伝統が層をなして今もひそかに生きのびているのである。もはや思想とはいえぬ感性的なもの、が、それでいてどこか深いところから人の内面的行動に影響をおよぼすもの、いわばわれわれの心の襞《ひだ》のなかに、論語の言葉に敏感に反応する共鳴盤のようなものがひそんでいて、対話条件としての、論語とのコミュニティ形成を容易にするのである。

ところがそのことは、私たちに利点ばかりを与えるわけではない。このコミュニティのなかにはひとつの陥穽《かんせい》が隠されている。

論語のなかの文章を、一つひとつ読み、味読することによって、その意味の奥行きが深まり、読む者の精神つまり物ごとの感じ方や考え方が豊かになっていくということは十分ありえるであろうが、しかし反対に、みずからの内なる茫漠とした価値的センス、その文章化されたものを論語に見つけ、それを共感のなかで受けとめるばあい、突然、対話という緊張感をはらむ営みはとぎれ、自分の価値観の単なる自己肯定が結果する、という事態が生じるかもしれない。その場合には、論語は、読む者にとっての対話相手ではなく、むしろ追従者となる。もちろん論語の言葉に共感してもよい。しかしその共感はこれまでの自分を見つめなおすという作業に結びついていなければならないし、また論語という書物の語る思想的特質について、たえず自覚したうえのことであるべきだろう。論語の言葉を醒《さ》めた眼で読み、それをあるいは受容しあるいは拒否するということは、東洋の人間にとって、意外に難しいことなのかもしれない。

学問的な作業は、以上のような意味で、論語との対話条件を整えることを課題としてきたのであるが、その点に関して、一、二の補足をしておきたい。

まず、論語と対話するといっても、論語は単なる格言や名句、警句の寄せ集めではなく、孔子とその思想を受け継ぐ弟子たちの言葉の集成であり、全体として見れば、孔子の言行録という性格をもっている。したがって、対話の相手は実は孔子なのであり、論語のなかのさまざまな言葉を、孔子という歴史上の人物の語った統一性あるものとして聞かねばならない。ところが、なるほど孔子の言葉は論語に収められているが、しかし、たとえ「子、曰《いわ》く」とあっても、それがすべて歴史上の孔子の言葉なのではなく、のちの時代に創作されたものも多い。孔子の言葉が伝承される過程で多くの言葉が付け足され、論語という書物が集大成されたのは、孔子時代から二世紀あるいは三世紀を経てのことである。それゆえに孔子と出会い対話を試みるためには、その前提として、どこまでが孔子の言葉であり、どこからがのちの時代の創作なのか、つまり史実と伝承とを明確に区分するという意識の上での、論語の伝承史的研究が不可避となる。わが国では、すでに江戸時代の伊藤仁斎によって、新旧の層のちがいという観点から、論語前半の十篇には孔子の言葉をそのまま伝えるものが多く、後半の十篇にはそれとは性質を異にするものが多いという、当時としては画期的な意見が提出されていていたが(1)、明確に伝承史的研究の必要性が主張されたのは昭和に入ってからで、たとえば和辻哲郎の『孔子』（昭和十三年）は、その先駆をなす鋭い問題提起の書であったし、彼に影響を与えた武内義雄の研究は、論語各篇の成り立ちと伝承過程を追求し、各篇の新旧の区別に大きな示唆を与えた(2)。が、その研究も、間もなく、津田左右吉の『論語と孔子の思想』（昭和二十一年）によって根本的に凌駕されることになる(3)。

津田は、論語各篇をそれぞれ一つのまとまりとして見るのではなく、ほとんど何の脈落もなくならぶ文章をバラバラに切り離し、その一つひとつを孔子以後の儒教思想の発達に照らし合わせ、論語のなかのきわめて多くの文章が後代に作成されたものである、という結論を導いた。その仕事は、まるで立派な巨木を次々と投げ倒し、あとに見栄えのしない木々をいくらか残して立ち去る暴風のようなものだった。孔子を理想化し聖人化するような文章はすべてその歴史性を疑われ、津田の該博《がいはく》な知識と精緻な分析手法のふるいにかけられ、論語に散在する短く技巧を欠く平凡な文章のみが孔子の言葉としてわずかに残った。だからすぐに反動が始まった。和辻の問題提起や津田の研究がまるで存在しなかったような、学問的とはいい難い孔子論が今でもあとを絶たない。しかし、現代という時代は、虚像に耐えることができない。好む好まぬにかかわりなく、もし孔子との対話を試みようとするならば、津田の研究を無視するわけにはいかない(4)。

別のもう一つの論点に移ろう。

先ほど見たように、論語の言葉は東洋の文化的伝統のなかにある者にとって、近づきやすく内側からの接近が容易であるが、同時に、感性的な一体性のなかで緊張関係を失うという危険もあった。それゆえに、一度、論語の言葉と思想に距離をおき、みずからの主観性を離れてそれを客観化するという方法態度が必要となる。論語のばあいに限らず、思想というものは、盲目的な帰依ではなくて、深い心情をともないながらも、ある価値観を意識的に選ぶという契機のうえに成り立つものであるから、いずれの思想の立場をとるにしても、どこかで常に醒めていなければならないが、そのための一つの方法として比較ということが有効であるかと思う。諸思想を比較することによって、それぞれの個性的な特徴がより明確になり、覚醒された意識のもとで受容あるいは拒否などの評価を行うことができる。

一般的にいえば、一つの思想は、こちら側の問題関心にしたがって、どのような思想とも比較することができるであろうが、しかしその際、比較する対象をある共通の座標軸《パースペクティブ》のなかに位置づけなければならない。したがって、比較がより有効であるためには、比較対象に共通性があり、その上で、相違をも検出できる、そういう比較対象を選ぶことが適切であるだろう。それでは論語および孔子の思想に対していかなる思想を比較すれば有効性が高いのか。

この問題を決定するためには、孔子の思想の基本的特徴をつかんでおかなければならない。しかし孔子は、他の世界史的な諸人物と同じく、みずからの思想を書いたりはしなかった。しかも論語のなかには、孔子の語った言葉、伝承された言葉は残されているが、のちの時代の創作も多く、容易な判断をゆるさない。歴史上の孔子に近づき、その思想と比較すべき対象を選ぶためには、方法論的に、どこから出発すればよいのだろうか。

まずはっきりしていることは、孔子の言葉は、現実の歴史のなかで直接に弟子たちに語られ、その弟子たちがまた次の世代に伝えたものだということである。だからその言葉は、それが現実に語られた場、しかもその後の伝承の出発点となる場、いわゆる「生活の座」(Sitz im Lebem) をもっていた。彼の言葉は文字で書かれた抽象的な命題ではなく、生きた生活空間のなかで、弟子に対して具体的に語られた言葉である。だからその言葉とそれの運ぶ思想とは、この生活空間のなかにおくことによって、初めて理解する手がかりを与えてくれるだろう。その手がかりをつかめば、また、どのような思想を比較対象とすべきか合理的に判断することもできるかもしれない。

孔子の言葉の場は、すでによく知られているように学校である。

「子の曰《いわ》く、束修《そくしゅう》を行なうより以上は、吾《わ》れ未だ嘗《かつ》て誨《おし》うること無くんばあらず」(述而《じゅつじ》七)(5)

「子の曰わく、二三子《にさんし》、我れを以て隠せりと為《な》すか。吾れは爾《なんじ》に隠すこと無し。吾れ行なうとして二三子と与《とも》にせざる者なし。これ丘《きゅう》なり」(述而二三)

孔子は、教えを請う際の礼儀である乾肉一束《ひとたば》を携えてきた者に、教えを拒んだことはなく、また弟子たちに隠すこともなく「誨《おし》えて倦《う》まない」(述而二)。孔子は教師であり、その一団は、何か秘伝を事とするような宗教的な結社ではない。また、こうしたことを伝える論語の言葉の史実性を疑う理由も見あたらない。

それでは、この学校の性格はどのようなものだったのであろうか。

孔子学校の性格を端的に示すものは卒業生の進路である。孔子の弟子たちの多くは、宰《さい》とよばれる官吏になっている。

「子游、武城の宰たり」(擁也《ようや》十四)

「仲弓、李氏《きし》の宰となりて、政を問う」(子路《しろ》二)

「子夏、莒父《きょほ》の宰となりて、政を問う」（子路十七）
「李氏、閔子騫《びんしけん》をして費《ひ》の宰たらしむ」（擁也九）
「子路、子羔《しこう》をして費の宰たらしむ」（先進二五）

子路篇の、「宰となりて、政を問う」という共通の言い方は、伝承過程において整えられたものと思われるが、人名やとりわけ孔子のいる魯の国の小都市の地名などからして、これらの伝承には史実にさかのぼる核があると思われる。李氏は、当時の魯国で実権を握った卿《けい》（家老）の一人で、おそらくそれにともなって支配領域を管轄する中級・下級クラスの官吏を必要とした。孔子学校はそうした需要にこたえる官吏養成学校であったように思われる。したがって論語のなかには仕官にかかわるテーマがたびたび出てくる。

「子張、禄《ろく》を干《もと》めんことを学ぶ。子の曰わく、多くを聞きて疑わしきを闕《か》き、慎しみて其《そ》の余りを言えば、則ち尤寡《とがめすく》なし。多くを見て殆《あや》うきを闕《か》き、慎しみて其の余りを行なえば、則ち悔寡《くいすく》なし。言《げん》に尤《とがめ》寡なく、行《こう》に悔《くい》寡なければ、禄《ろく》その中《うち》に在り」（為《い》政《せい》十八）

孔子は、ここでは、先例を重んじ、言行に慎重を期する典型的な官吏としての身の処し方を教えているが、しかしこの整った文章は「学べば禄その中に在り」（衛霊公《えいれいこう》三一）という短い言葉をのちに敷衍《ふえん》して作られたのかもしれない。右の引用文の末尾に同一句があるからである。が、仮にそうであるにしても事柄は変わらない。学生たちは禄を得るために学ぶのである。しかし、禄を得ることがストレートな話題になるのは、おそらく、官吏への需要があったにしても、時には、仕官が難しい場合もあったことを暗示している。それゆえに孔子は、しばしば弟子たちに次のような心構えを語らねばならない。

「子の曰《い》わく、人の己《おの》れを知らざることを患《うれ》えず、己れの能なきを患う」（憲問《けんもん》三二）

「子の曰わく、位なきことを患えず、立つ所以《ゆえん》を患う。己れを知ること莫《な》きを患えず、知るべきことを為すを求む」（里仁《りじん》一四）

孔子学校においてもオーバー・ドクター問題があったのである。したがって、その学生たちは世襲官吏の子弟とは限らず、また権力の担い手も、地位なき者をも官吏として登用したのである。したがって孔子学校は官吏養成学校ではあるが、国家官庁からある程度距離をもつ私学的な性格をもっていた。そうしたことのために、学生のなかには貧しい者、浪人のような者も多かったらしい。一番弟子の顔回さえも、粗食で路地裏のせまい家で暮らしていたらしい。だからこそ孔子は貧しい学生たちに向かって顔回を称賛し、彼らを励ましたのであるが、しかし時にはその口からため息がもれることもある。

「子の曰わく、三年学びて穀《こく》に至らざるは、得やすからざるのみ」（泰伯《たいはく》一二）

三年もすれば、学生は学問をきりあげ仕官を望む。官吏養成学校であるからには当然のことであったが、しかしまれに例外的な者もいた。

「子、漆雕開《しっちょうかい》をして仕えしむ。対《こた》えて曰わく、吾れ斯《こ》れをこれ未だ信じること能《あた》わず。子説《よろこ》ぶ」（公冶長《こうやちょう》六）

孔子の弟子の幾人かが、次の世代で子《し》とよばれているように、孔子学校は後継者の養成も行った。優秀な学生が現れたとき、官吏として仕官させるべきか、のちの教師の一人として残すべきか、判断に迷う場合もあったらしい。

「子貢が曰わく、斯《ここ》に美玉あり。匵《ひつ》に韞《おさ》めて諸《こ》れを蔵せんか、善賈《ぜんこ》を求めて諸《こ》れを沽《う》らんか。子の曰わく、これを沽らんかな、これを沽らんかな。我れは賈《こ》を待つ者なり」（子罕《しかん》一三）

学生の就職状況はあまり芳しくはなかったようである。

孔子学校が官吏養成学校であったならば、当時の官吏の仕事に必要な事柄をここで教えたはずである。論語の古い層に属すると思われる箇所から推測するならば、それらの仕事は、外交上の使節の授受、公的祭儀の執行、「賦《ふ》」とよばれる軍用の経理、徴税、そのほか布告文の作成や記録など文書行政一般に関わるものであったと思われる。ところが、論語にはこうした仕事それじたいに関する問答があまり見られない。その理由は、孔子学校が近代的な意味での専門的官吏を養成する法科大学のようなものではなく、社会的身分としての官吏の人格形成に教育の重点をおいていたからであろう。

「子の曰わく、君子は器《うつわ》ならず」（為政一二）

器とは、特定の用途のみに適した限定的なものである。孔子学校の理想とするジェントルマンはそうした専門的・技術者的な官吏であってはならず、幅広く豊かな教養人でなければならなかった。ただし、教養人といっても社会的身分としての官吏をめざすのであるから、たとえばギリシアの、政治・行政・裁判などで明確な意見を述べ、リーダーシップと責任を担う「善美なる人《カロン・カガトス》」という理想的な市民像とは異なり、孔子学校の掲げる君子像は、「言《げん》に訥《とつ》にして、行に敏ならんと欲する」（里仁二四）のであり、また同じことではあるが、「事に敏にして言に慎しみ」（学而一四）ともいわれるのである。一般的にいって、孔子学校の大きな特徴の一つは、言葉、語ることに対して、きわめて慎重であり、しばしば疑いの目を向けるという点にある。

「子の曰わく、巧言令色、鮮《すくな》し仁」（学而《がくじ》三）
「子の曰わく、巧言は徳を乱る」（衛霊公《えいれいこう》二七）
「子の曰わく、剛毅木訥《ごうきぼくとつ》、仁に近し」（憲問二七）

官吏は、政策の決定者や命令者ではなく、それらを聞いて実施する者であるから、孔子の言葉は驚くにあたらない。そして、こうした理想的な官吏の形成という課題が、孔子学校の学風を決定づけることになる。それは一言でいえば外面的学習の尊重である。

学生たちは、教師に対しても書物に対しても、いわば心を白紙にしてその言葉を受けいれる。「学べば則ち固《こ》ならず」（学而八）という、自我の否定じたいが学問の目的でさえもある。したがって、書物の内容のクリティカルな吟味ではなく、記憶が重要視される。

「子の曰わく、学は及ばざるが如くするも、猶《な》おこれを失なわんことを恐る」（泰伯一七）

それゆえにまた「学びて時にこれを習う」（学而一）という復習も大切となる。外面的学習の尊重という姿勢は、当然のことだが、学生たちばかりではなく彼らの模範者としての孔子その人の特徴でもある。論語のなかには、教師自画像ともよぶべき孔子の自《みずか》らについての言葉があるが、それらのいくつかを拾ってみよう。

「子の曰わく、黙してこれを識《しる》し、学びて厭《いと》わず、人を誨《おし》えて倦《う》まず。何か我《わ》れに有らんや」（述而二）

津田はこの言葉がのちの儒家の手になるものと解しているが（二四四—五ページ）、学習し記憶し教えるという教師像それじたいは、歴史上の孔子の姿からそれほど隔っていたように思えない。たとえば次のような言葉もあるからである。

「子の曰わく、蓋《けだ》し知らずしてこれを作る者あらん。我れは是《こ》れ無きなり。多くを聞きて其《そ》の善き者を択《えら》びてこれに従い、多くを見てこれを識《しる》すは、知るの次なり」（述而二七）

この言葉は、先ほどの禄をめぐる問答、「多くを聞きて疑わしきを闕《か》き」「多くを見て殆《あや》うきを闕き」という言葉を想い起こさせる。いずれにおいても、選ぶという主体的な行為はあるが、しかしそれは外から学ぶという枠のなかにおいてである。

孔子は、知らずして作ること、つまり手本なき創作を拒絶する。その姿勢を貫けば、「古《いにし》え」への信頼ということになる。なぜならば書物にしろ先人にしろ手本なるものは過去に由来するからである。

「子の曰わく、述べて作らず、信じて古《いにし》えを好む。竊《ひそ》かに我が老彭《ろうほう》に比す」（述而一）

朱子によれば、述べるとは旧きを伝えることであり、作るとは創始することである(6)。仁斎もこれに従う。孔子はみずから自覚するところによれば、古えのことばの伝達者であって、新しき思想の創始者ではない。そのことを彼はむしろ誇りとしているのである。

「子の曰わく、吾《わ》れ嘗《かつ》て終日食らわず、終日寝《い》ねず、以て思う。益《えき》なし。学ぶに如《し》かざるなり」（衛霊公三一）

津田はこの文を『荀子』勧学篇の同様の文が論語にあみこまれたものと考えているが（一五八―九ページ）、その可能性はあるにしても、反対に勧学篇の一文が論語の言葉をもとにして作られたことも考えられる。なぜならば、この論語の言葉はこれまで見た教師自画像と内容的な整合性をもつからである。

孔子とても激しく移り変わる春秋末期の世の中で、迷わなかったわけではなかろう。「四十にして惑《まど》わず」（為政四）であれば、それ以前、迷いもしただろうし内面的思索を重ねもしたであろう。しかし行きついた所は、「述べて作らず」という境地であり、独自な思索家というよりも「古え《いにし》」についての学習成果を教える文字通りの教師となったのである。彼の後継者のひとり曾子は、日々、「習わざるを伝うるか」（学而四）とその身を省みる。そうした姿勢それじたい教師としての孔子から学びとったものであるだろう。

さて、以上で、孔子とその学校の特徴のいくつかを見てきたのであるが、こうした生活空間から生まれる言葉と思想を、他のいかなるものと比較するのが適切なのであろうか。

時折、孔子は、ソクラテス、イエス・キリスト、釈尊（ブッダ）とならび称されることがある。それは後世に与えた影響の大きさのためであるが、しかしその事を別にすると、孔子と他の三者それぞれとは、思想的には、まったく異質の軌道の上を歩んでいる。

たとえば、「子曰く」という論語を特徴づける伝承の形式は、しばしば弟子の質問に対する教師としての孔子の言葉を伝えるが、それに対してソクラテスの問答法は、過去からの思想を徹底的に吟味し深い懐疑のなかで真実を探究するための方法である。ソクラテスも孔子のように、過去の文化的伝統を継承し総括するけれども、その核心にある対話の精神を方法的に貫くことによって、過去と断絶する。その断絶の深さは彼の死そのものが示している。

イエスは、みずからの使命とカリスマを自覚する過程において、いわば必然的に、悪霊の試みに遭遇せねばならなかった。その時、悪霊のいざなう言葉を撥《は》ねつける時、イスラエルの宗教的伝統に習熟するイエスは、「――と、書いてある」といういい方をしている。が、やがて試練を越えてみずからのカリスマを明確に自覚する段階に入ると、なるほどこれまで通り、かつての宗教文化的伝統をパリサイ派や聖書学者とは異なる方向で継承しつつも、さらには、

「──と言われていたことは、あなたがたの聞いているところであるが、しかし、わたしはあなたがたに言う」という言い方によって、彼独自の内なる権威によって語り出すのである。それは過去の文化の祖述者たろうとする孔子とは、全面的に異なる語り方である。

釈尊のばあいはどうか。彼は永いバラモン文化の伝統と、当時、その最先端に立つウパニシャッド哲学とを修行と思索によって窮《きわ》めつくすけれども、しかしついには、ウパニシャッドの核心をなすアートマン（自我の存在意識）の思想を解滅させて、ニルヴァーナと呼ばれる湖水のごとく澄んだ平和な心の状態性に行きつくことになる。釈尊はその彼独自の宗教的な開悟、さとり、という体験を、説教として語ったのであり、文化的伝統を伝える導師でも教師でもなかったのである。

したがって、孔子をソクラテス、イエス、釈尊と比較するならば、それぞれとの違いがクローズ・アップされていくことになる。そのことは孔子の個性的な特徴をつかむうえで意味のある作業である。いつかこうした比較を本格的に行う必要があるだろう。けれども、異質なものとの比較以前に、もし可能であるならば、孔子の思想と共通するものを世界史のなかに捜して、その思想の性格を世界史のなかに位置づけるという作業が、方法的な前提として要請されるように思われる。

先ほど見たように、孔子は非日常的なカリスマ運動の創始者ではなく、学校の教師として歴史のなかに姿をあらわしてくる。この点に注目するならば、ほぼ同じ頃、アカデメイアという学校を経営する偉大な教師としてのプラトンが想い浮かぶ。しかしその学校は、官吏養成学校ではなくて、新しい思想の形成によって都市国家の再建をめざす政治家、立法者、思想家の育成を課題としており、プラトンの著作じたいも学校内部で徹底的な討議の対象となり、やがてはプラトンに批判的なアリストテレスのような哲学者をも輩出する(7)。つまりアカデメイアのなかに孔子学校と共通する面を見いだすことはほとんど不可能である。かといって、当時のピュタゴラス学派の学校なども、なるほど孔子学校のごとく師の教えを重んじはするが、しかし宗教団体的な性格が強くて、孔子学校との共通性を検出することにはあまり期待ができない。

ギリシアとならんで、古代イスラエルは西洋的文化発展の一基盤をなすが、しかしここでは、「主なる神はこう言われる」という導入句によって、神からの災《わざわ》いを告知する一連のカリスマ的預言者や、宗教論理の形成に寄与する地方のレビ人《びと》祭司たちが精神的な伝統の骨格を形づくるのであって、孔子学派の前提とする中国の文化伝統とはほど遠い。したがって、孔子学派との共通する比較対象を捜すためには、ギリシアおよびイスラエルから視線を逸《そ》らして、それ以前の、つまり西洋的なもののあらわれる以前の、官僚社会に眼を向けねばならない。それは古代オリエントである。

よく知られているように、メソポタミアおよびエジプトにおいては大河の組織的な治水のために、民衆を賦役《ふえき》し動員する官僚制度が発達した。したがって当然に、古くから、官僚を育成するための書記学校があった。これらの学校においては、文書行政を行うための文字の修得が重要なカリキュラムをなしていたが、そのためのテキストには理想的な官吏の形成のための倫理的・道徳的な思想が書かれており、学生たちはそれを書写しながら同時にその思想を身につけていくことが期待された。これらのテキストは、現在、知恵文学ないし教訓文学とよばれる文書類型のなかにおさめられている(8)。古代オリエントの現存する書記学校のテキストを、周王朝時代の文化を継承し官吏の育成をめざす孔子学校の思想と比較するならば、両者における思想的な共通性と、またその上での異質性とを検出することができるかもしれない。むろん結論めいたことは差し控えねばならないが、古代における官吏の育成という観点からすれば、そうした可能性を予想することも許されるのではあるまいか。

【注】

(1) 仁斎については巻末の文献表を参照されたい。

(2) 『和辻哲郎全集』第六巻、岩波書店、一九六二年、所収。『武内義雄全集』第一巻、角川書店、一九七八年、所収。

(3) 津田については巻末の文献表を参照されたい。
(4) ただし、津田の学風を受けつぐ優れた研究も存在する。たとえば、渡辺卓『古代中国思想の研究』、創文者、一九七三年。やがて本論（とくに三章）において論語のことばの史実性を検討することになるが、しばしば渡辺氏とは異なる結論に至っている。関心のある方は、渡辺氏の右の書と比較されたい。
(5) 論語のテキストや読み下し文については巻末文献表を参照。
(6) 朱子についても巻末文献表を参照。
(7) 廣川洋一『プラトンの学園アカデメイア』岩波書店、一九八〇年。
(8) 古代オリエント（メソポタミアおよびエジプト）の書記学校のテキストについては巻末文献表を参照。

一章

古代の官吏の身分倫理

孔子学校においても古代オリエントの書記学校においても、行政技能の修得ばかりではなく、社会的身分にふさわしい理想的な人間形成がめざされていた。その、完成された人間像は、礼や作法によって外面的な品位を保ち、内面的にもさまざまな徳を身につける。論語はそうした人間像を君子《くんし》と呼んでいる。論語以前においても同じ意味あいで君子という言葉が使われていたのか、それとも論語において初めてこの意味が意図的におりこまれ強調されるに至ったのか、よくわからない。が、いずれにせよ、論語におけるこの語の頻出度はきわめて高い。

辞書によれば、君《くん》という字は、人をおさめる意味の尹《いん》と口《くち》からなり、号令を出して人をおさめる者を意味する。子《し》は古い字形では幼い子供の意であったが、やがて若者、転じて男子の敬称にも用いられたとある。

論語で子《し》といえばもちろん先生・敬称の意であるが、それとは別に、「鄹人《すうひと》の子《こ》」（八佾《はちいつ》一五）、「其《そ》の子《こ》を以てこれに妻《めあ》わす」（公冶長一）、「其の兄の子《こ》を以てこれに妻わす」（同二）という用い方もある。この場合には、子《こ》は、ある人の成人した子供のことである。こうしたことから推測するに、論語における君子の本来の意味は、君（治者・主人）に対して実の子《こ》のごとく誠実に仕える者をさしていたのではないだろうか。あるいはまた、子《こ》が子《し》（先生）に転用されたのは、「父、父たり、子、子たり」（顔淵《がんえん》一一）の表現が示すように、子《こ》としてのあるべき姿をきわめた者が、つまり孝を体得した者が、同時に子《し》として尊敬の対象となったからで、君子《くんし》および子《し》という敬称の背景には孝という倫理が隠されているのではあるまいか。むろんこれは素人の根拠の定かではない推論にすぎない。けれども孔子の儒教が孝をきわめて重んじていることは周知のことである。

一　孝

子供が親に従うことは、子供があらゆる意味で未成熟なのだから、当然のことであり、その意味での孝の観念は表現がちがってもどの社会にも存在する。それに対して、儒教にとって特徴的なことは、子供は成人したあとでもまごころをもって親に仕えねばならず、また親が死没したあとでも孝の要請は消えぬことである。

「子の曰わく、父在《いま》せば其の志しを観《み》、父没すれば其の行ないを観る。三年、父の道を改むること無きを、孝と謂《い》うべし」（学而一一）

この文章の後半は、前文を欠いたまま他の箇所に重出しており（里仁二〇）、また三年という期間は、孔子時代から後《のち》の、『孝経』成立時代頃に儒家の定めた服喪期間であろうから、おそらく孔子にさかのぼる古い伝承（前文）に、あとの時代になって後文が付加されたと思われる。

儒教における孝の強調は、それじたいとしては今さら指摘するまでもない。問題はなぜ孔子があえて孝を強調したのかという点にある。孔子以前の中国においても、宗族制や祖先崇拝によって、血縁的な上下関係が社会のきずなをなしていたのであるから、当然、孝という観念は倫理上の枢軸に位置していたはずである。孔子があえて孝を強調するのはなぜなのか。理由はおそらく孔子時代の政治社会的な状況のなかに求められるべきであろう。論語のなかにその点を示唆する一つのエピソードが収められている。

「葉公《しょうこう》、孔子に語りて曰《い》わく、吾が党に躬《み》を直《なお》くする者あり。其《そ》の父、羊を攘《ぬす》みて、子《こ》これを証す。孔子の曰わく、吾が党の直き者は是《こ》れに異《こと》なり。父は子の為めに隠し、子は父の為めに隠す。直きこと其の中《うち》に在り」（子路一八）

徂徠は文中の「躬《み》を直くする者」という言葉が、『呂氏《りょし》春秋』においては「直躬《ちょくきゅう》」という人の姓となっているが、それは非なり、と指摘している。

実際、先秦から秦漢の時代にかけて、論語の記事とよく似たような説話が広く流布しており、それらは話の内容にふさわしい「直躬」という創作上の人物を主人公にしたもので、史実ではない。小倉芳彦氏の研究によれば、それらの説話のなかには、君主権力に忠実なものとして、論語とは反対に「直躬」を高く評価するものもあるという(1)。こうした背景からすれば、論語の記事がまずあって、それにもとづいてさまざまな「直躬」物語が生まれたように思われる。

さて、その論語の記事によれば、正直という徳と孝という徳とが二律背反の関係に陥ったとき、孔子は迷うことなく後者、孝を優先させる。子は羊を盗んだ父を公権力に訴えるべきではなく隠さねばならない。父もまた子のために同じ態度をとらねばならない。こうした考え方が当然であるとは言いがたい。プラトンの初期対話篇『エウチュプロン』においても、子が父の不正を裁判所に訴えるという似たような状況が設定されている。そこでは正直や孝などの徳のあるべき姿が対話によって探求されているが、結論を見ないまま終わっている。これに対して、孔子は懐疑や探求のなかに入ることなく、父子という自然的な関係を優先させ、そこにおける情愛を正直の前提としておく。それは彼において孝がさまざまな徳の基礎にすえられていることを示している。孝はそうした情愛のなかで育つからである。それでは、最初に掲げた問題であるが、なぜそれほどまでに孝が強調されるのであろうか。その理由は葉公の言葉と、それに対する孔子の態度から窺《うかが》うことができる。

葉公は、後《のち》の専制権力の時代の「直躬」物語の或《あ》る作者と同じように、家族秩序を解体してまでも権力に忠実な者を、「躬《み》を直くする者」つまり完璧な正直者として称賛する。おそらく葉公の国ではこうした現実が実際に生まれていたのであろう。それに対して孔子は、伝統的な、家秩序を基礎にした社会秩序を守ろうとしていたのではあるまいか。孔子の生きる春秋時代末期は、本家・分家の関係がくずれ、家的な秩序原理が解体しつつあった。そうした状況に直面して、孔子は孝を強調せざるをえなかったのではないか。次の有子の言葉はその間の消息を示しているように思われる。

「有子が曰《い》わく、其の人と為《な》りや、孝弟《こうてい》にして上《かみ》を犯《おか》すことを好む者は鮮《すく》なし。上を犯すことを好まずして乱を作《な》すことを好む者は、未《いま》だこれ有らざるなり。君子は本《もと》を務《つと》む。本《もと》立ちて道生《しょう》ず。孝弟なる者は其れ仁《じん》の本《もと》たるか」（学而二）

これは有子がその弟子たちに語った言葉であるが、その内容を有子の独自な思想の表白と解すべきではないだろう。孔子自身が「述べて作らず」という立場をとったのであるから、その弟子である有子が、孔子とは別のオリジナルな考えを弟子たちに語ろうとするわけがない。そうではなくて、有子は、彼が理解した孔子の思想を、今度は自分の弟子たちに伝えようとしたのである。なぜ孔子があれほど孝弟を強調するのか、有子はその真意を理解しようと努めたにちがいない。あるいは直接にたずねたのかもしれない。いずれにしても、有子の言葉のなかに歴史上の孔子の思想が映し出されていると思われる。

孔子の問題関心の中心は「乱」である。すなわち社会秩序のみだれである。その乱の原因は「上を犯すことを好む者」の登場である。そして社会的な上下関係は宗族制という本家・分家の家族的原理によって成り立っていたのであるから、孝弟という徳を再び育成するならば、「上を犯すことを好む者」を絶やしていくことができるし、ついに乱はやむ。

こうした孔子の問題関心と思考プロセスは、当時の時代状況に適応している。

春秋時代末期、孔子時代においては、すでに周王朝は実権を失い名目化しており、権力は各地（諸邦）の都市君主たる諸侯に移っており、さらに、諸邦の内部においても、権力の担い手は諸侯からその家臣である卿《けい》大夫へと移りつつあった。政治的、軍事的な権力の下降とともに、それは分散化する。かつての周王朝による一元的な支配、それによる帝国の平和は崩れていき、自立した諸邦の対立が始まる。諸邦の内部においても権力は分散化して、卿大夫相互の対立も生まれる(2)。こうした状況を放置するならば、かつては外部に対して中国を守るために建設された都市国家群が、今や中国内部で相互に軍事闘争に突入する危険があったし、上《かみ》を犯すという下克上的な状況がますます深刻化する危険もあった。いったいどうすればよいのか。

本来、諸邦の都市君主は周王室の分家として権力的な地位を与えられ、また卿も都市君主の分家であった。したがって、かつての中国における秩序は、孝を内面的な基礎としていた。それゆえに、孔子は秩序の危機を、孝という倫理を再確立することによって、回避しようと考えた。むろん孔子は、すでに下降・分散化した権力を、再び下から上へ、一元的な権力体系へと復帰させることを望んだわけではない。そうしたことは不可能であったし、仮にそのようなことを試みるならば、周王朝の正当性を旗印とした軍事的な覇権争いを激化させるにすぎない。そうではなくて孔子は、実権を掌握した者をそのまま容認し、ただ形式的に、孝を基礎にしてかつての秩序関係をそのまま保とうとしたのである。この点はのちに孔子における礼の思想に関係してさらに検討することになる。

さて、次に、古代オリエントに視線を移してみることにしよう。書記学校を「生活の座」として成立した教訓文学においても、孝という倫理は孔子学派と同じほどの重さをもって現われてくる。

最初に注目すべきことは、それら教訓文学の形式である。ほとんどのものは、父が教えを子に語る、という体裁をとっている。それはエジプトにおいてもメソポタミアにおいても変わらない。エジプト古王国時代の教訓文学『プタハヘテプの教訓』は、序文を、「かれはその息子に語った」（pt 51）という言葉で結び本文にはいる。メソポタミアでは、最古の文字文明であるシュメール時代の作品で、アッカド語（バビロンおよびアッシリア語の総称）に翻訳された『シュルパックの教訓』は、断片しか残されてはいないが、その断片のなかに、「わが子よ」（ma-ri）という呼びかけの言葉がある（obverse 4, BWL 95）。これらの文学形式は古代オリエントにおいて千年あるいは二千年、永く継承されていくことになる。

なぜ、このような形式が採られ踏襲されていったのだろうか。その理由は、おそらく、さまざまな教えを修得する前提として、子の父にたいする服従が基礎的な位置におかれていたからであろうし、いわば孝的な倫理態度が個別的な教えを受容する内面的な基礎と考えられていたからであろう。さらにまた、書記学校においてテキストが「わが子よ」という呼びかけを行うとき、学生たちはテキストおよびそれを教える教師の言葉を、父の言葉として聞き、それに従うことが期待されているのであって、それはちょうど孔子学校において、「子の曰く、回や、予《わ》れを視《み》ること猶《な》お父のごとし」（先進一一）と顔回が称賛されているのと同じように、オリエントの書記学校においても社会的な徳としての孝の育成それじたいが課題とされていたからであろう。孝はいずれの学校においても狭い家族内倫理として閉じ込められるのではなく、学校においては教師との関係、卒業してからは君主や上役との関係において、誠実なる服従の心情的・倫理的な基礎として考えられていたのである。

したがって、教訓文学は、父が子に語るという枠組みのなかで、内容的にも直接に孝にかかわる教えをさまざまに語り出す。網羅することはできないし、その必要もないので、ここでは『プタハヘテプの教訓』から一つのきわめて特徴的な例を紹介することにしたい。

一八六　汝の生きているとき、汝の心に従え。
一八七　言われたこと以上をなすには及ばない。
一八八　心に従うべき時を減らしてはならぬ。
一八九　その時を浪費するのは精神《カー》の嫌うところである。
一九〇　昼間の時を失ってはならない、
一九一　汝の家の必要を越えてまでも。
一九二　心に従っても富は生じる。
一九三　それが無視されるなら富は益がない。

現代語訳者の一人で、優れたエジプト学者であるエルマンは、最初の四行に注記を付して「汝の家に対するあまりに過剰な配慮に反対し、とくに警告を語っているように思われる」と述べている(3)。が、ここでは彼の解釈は原文の意味を正反対にとらえていると思う。

「汝の心に従え」という言葉の意味は、校訂者ザバの注解によれば、心の望むことを行えということであり、それは欲望の放任主義ではなくて、家に対する配慮を願う気持をさしている。したがってテキストの意味は次のようになる。書記（官吏）たる者、あるいはそうあろうとする者は、もちろん言われたことを命じられたことを行わねばならぬが、それ以上には、家の外の仕事で夜おそくまで働いて、昼間の時を、汝の家を、おろそかにすべきではなく、そこまでしなくても富（給料）は与えられ、もし家の配慮を怠るならば、あるいは配慮を願う気持を犠牲にするならば、富そのものに意味がない。一言でいえば、家の必要を越えるオーバー・ワークをやめて、明るいうちに家にいる父と母に仕え、家をととのえよ、というのである。

古王国時代からのテキストは、そのまま書写され続けてきたが、しかしその文章の意味はのちの時代のエジプト人にとってはあいまいなものとなり、時にはおそらくエルマンのごとき誤解を生む危険があったので、新王国時代の新しい写本は、右の文章に続けて次の三行を書き加えている。

一九四└2　もし汝が家の配慮をやめるならば、
一九五└2　父祖たちは悲しみを抱き、
一九六└2　子をもつ母よりも別の女の顔がより幸福になるだろう。

エジプト官僚にとって、家の配慮と官庁での職務とは対立しないし、対立させるべきでもなかった。なぜならば、家において父祖たちに仕える孝の精神は、官庁において上司に仕える従順性の基礎であったからであり、そのことを書記学校は学生たちに教えこんだのである。

『プタハヘテプの教訓』は、序論、本論、結論という構成をとっている。本論においてはやがて順次、紹介していくようにさまざまな教えが語られているが、長い結論部分では個別的な教えから離れて、ただひたすら、息子が父の言葉を聞くこと自体の意義が強調されている。一部を取り出せば次のような言葉がある。

五五六　息子がその父に聞くことは、なんとすばらしいことか。
五五七　次のように言われる者は、なんとすばらしいことか。
五五八　御子息は立派だ、聞くことを知っている、と。

結論部分はこのような言葉がずっと続く。つまり、序論において父が子に語るという形式が打ち出され、それに対応して結論は、子が父に聞くというテーマで締めくくられる。父に聞くということは、父に従うということであり、儒教風にいえば孝である。この孝の上に、初めて本論のさまざまな教えは成り立つのである。

エジプト高級官僚の或《あ》る人びとは、墓碑に時おり次のように書き残している。

「わたしは父に愛され、母に称賛された者である」（Lichtheim, 15, 22）

年老いた誇り高き官僚が碑文にこのように刻むことの意味は、彼が地上にある間、父と母とにまごころをもって仕えたこと、つまり孝を体現した者であったことを示すためであり、またそのことによって模範的な官吏でもあったことを後世に伝えるためである。この碑文は定型文となって末期王朝時代にもあらわれる。

【注】

（1）小倉芳彦『中国政治思想研究』青木書店、一九七〇年、二〇一―一三、二二八ページ。

（2）孔子時代の政治・社会状況については、貝塚茂樹『孔子』岩波新書、一九五一年、同『中国の古代国家』中央公論社、一九七六年、三七九―八〇ページ。

（3）A. Erman, Ancient Egyptian Poetry and Prose, 1955 (German original 1923) , p.59.

（4）Otto, Inschrift 28, S. 168.

二　忠

論語のなかには、孝とならんで、いくつかの倫理用語が強調された形で現れてくる。たとえば「忠信《ちゅうしん》を主とし」（学而八、子罕二五、顔淵一〇）とあるように、忠は信とならんで大きな比重を与えられている。「忠信を主とし」という同一表現が論語に三度もあらわれるのは、旧い伝承をもとにし、その表現を使って新しい文が作られたからであろう。だから忠信の強調は孔子にさかのぼる可能性が十分にある。

それでは忠の意味内容はどのようなものなのか、基礎的な孝や、あるいは信などとどのような関係をもつのか。

金谷治氏の調査によれば、忠という文字は、孔子以前の文献と考えられる『書経』や『詩経』あるいは甲骨文字にはまだ現れてこず、まことを意味する文字は『書経』では信が使われている。信とはその解字が示すように、「嘘をつかない、約束を破らない、信義を守るというような実践」つまり「対人関係であらわれる誠実の徳」のことであるから、孔子のいう忠とは、そうした「外の形にあらわれたものの内実を、さらに内省的に求めた結果としてえられたもの」であるという。つまり金谷氏は、信という、人間の言葉や行為に関わる徳に対して、孔子はその外形の背後にある、ないしあるべき、まごころとして、忠を初めて強調し、倫理の根本的な内面化、外から内へ深めたのであるというのである。「信の徳がしばしば忠と結びついて忠信として説かれているのは、そのためである。前の時代から一歩を進めて倫理の深い内面性の自覚に達した孔子の面目が、ここによくあらわれている」(1)。

金谷氏のこうした解釈は、孔子という人間を今の時代において再発見し、時を越えて、その意義を受けつぎ活かそうとする努力の所産であり、敬意を表すべきことはいうまでもない。けれどもしかし疑問をも感じる。はたして、約束の遵守を意味する信は、単に外形的、外面的といえるのかどうか。信という行為が成り立つのは、信それじたいのなかに、内面的な基礎があるからで、それとは別に、抽象的一般的な意味での忠、まごころというものを、孔子が構想したのかどうなのか、疑問に思う。もし金谷氏の解釈が正しければ、ことがらは信にかぎらず、他の徳についても同じことが言われねばならない。たとえば親に仕え思いやる孝も、忠なくしては成り立たぬことになるが、論語は孝との関連で「敬」を強調することはあっても(為政七)、そうした孝と忠を結びつける言い方は決してしてはいない。金谷氏にかぎらず、孔子を現代化しようとする人々は、しばしば忠あるいは仁などのキー・タームを、深き内面的なまごころというふうに一般化する傾向にあるが、それでは孔子の思想を非歴史化し、むしろ色あせたものにする危険があるのではないか。なぜならば思想というものは、特定の歴史的状況のなかで、その限界を背負いつつ、しかも時を越えて語ろうとするものであり、その声の普遍性は、時代状況の特殊性をカットしては十分に聞きとることができないからである。

忠が、孝や信とは異なる独自な徳であるとすれば、それはどのようなものなのか、論語は忠ということばを、具体的な人間関係のなかで使っている。

「定公問う、君、臣を使い、君に事《つか》うることを如何《いかん》。孔子対《こた》えて曰わく、君、臣を使うに礼を以てし、臣、君に事うるに忠を以てす」（八佾《はちいつ》一九）

忠は、臣の、君に対する誠実性・まことであり、逆の関係、君の、臣に対する関係においてはその言葉は使われない。そうした用法は、忠が日本語のなかに溶けこんできてからふつうに見られることである。それでは次のような例はどうなのだろうか。

「曾子《そうし》の曰わく、吾《わ》れ日に三たび吾が身を省《かえりみ》る。人の為に謀《はか》りて忠ならざるか、朋友と交わりて信ならざるか、習わざるを伝うるか」（学而四）

信は朋友という横の関係で使われており、「習わざるを伝うるか」は弟子に対して、つまり下の者との関係で語られている。それでは忠の対象である人とは誰をさすのだろうか。

かつて、中国人の研究者である趙紀彬《ちょうきひ》は、論語における人という言葉を調べて、人はしばしば民という言葉と対比されて支配階級をさして使われ、民の方は使役される奴隷階級をさす言葉として使われている、という仮説を提出したことがある(2)。その後、この仮説をめぐって論争が生じ、反対意見もあらわれた(3)。論語は諸伝承の永きにわたる集成なのだから、人という言葉が常に一義的な意味で使われているとはかぎらず、したがって論争に白黒の決着をつけるというわけにはいかないであろうが、右の曾子の言葉を考える際、趙の仮説は参考になるだろう。というのは、そこでは、人、朋友、弟子が曾子から見て上下の関係におかれている可能性も否定しがたいからである。仮にそうであれば、忠は、先ほどの君に対する場合と同じように、上の者に対する誠実性という方向をもつことになる。

「子張、政を問う。子の曰わく、これに居りては倦《う》むこと無く、これを行なうには忠を以てす」（顔淵一四）

これまでの解釈が正しければ、この場合の忠においても、官吏として政務にたずさわる者が、君主ないし目上の者に対して誠実性をもって仕事に励むことが主張されているといえよう。

いかなる社会においても、身分的な上下関係があれば、下の者の上に対する誠実性が要請されるであろうが、その際、論語における忠はどのような特徴を帯びるのであろうか。

「季康子《きこうし》問う、民をして敬忠にして以て勧《すす》ましむるには、これを如何《いかん》。子の曰わく、これに臨むに荘《そう》を以てすれば則《すなわ》ち敬す、孝《こう》慈《じ》なれば則ち忠あり、善を挙げて不能を教うれば則ち勧む」（為政二〇）

衛霊公三三には、「荘を以てこれに涖《のぞ》まざれば、則ち民は敬せず」という一文がはめこまれており、おそらく右の文を参照して、それを否定の形で表現したものと思われる。論証の暇がないが、もしそうであれば右の文は論語の古層に属することになる。

孔子のいる魯《ろ》の国の実権者、季康子の質問に対して、孔子は「孝慈なれば則ち忠あり」という言葉を与えている。君主（統治者）が親に対して孝をつくし、みずから模範を示しながら、民に対しては、親の子に対するごとき慈《いつく》しみをもつのであれば、民もまた君主に対して忠をいだくであろう、というのである。したがって、孔子における忠は、いわば孝の社会的な拡大形態であり、子が父に孝をもつように、そのように民が君主を父のごとくみなすのが忠である。つまり忠は、たとえば封建的な名誉意識にもとづく誠実性というふうなものではなく、一般的にいえば、上の者に対する孝的な心情にもとづく誠実性である。それゆえ、本来の孝の体得がなければ、忠の倫理も生まれてこない。そういう意味で、孝は基礎的であり、そして忠は孝的性格を濃く帯びるのである。

エジプト書記学校においても、忠の精神は当然のことながら徹底的に学生たちに教えこまれた。『プタハヘテプの教訓』は、「官僚の子弟の模範」たる者は、「聞くことと忠」とを心に刻みこむべきだ、としている（Pt40-41）。忠と訳した原語は、漢字とまったく同じで、「まん中」（mtt）と「心」（ib）という記号の組み合わせによってできている(4)。この忠が「聞くこと」（sdm）と併記されている点に注意しておく必要もあるかと思う。すでに見たように、倫理的な態度としての「聞くこと」は、父への服従つまり孝を意味していたが、それが親に限定されず、身分的な上位者に対しての態度となる時、それは忠と同義的になる。つまりここでも、孝は社会関係のなかで拡大されて忠となり、忠も孝的性格をもつことになる。『プタハヘテプの教訓』のなかには次のような表現がある。

六二〇　汝の主人に対してまったく忠①であれ。
六二一　主人②が、これは彼の息子だ、というふうに振舞え。
六二二　それを聞く人びとは言うだろう、
六二三　「彼に彼（あの息子）が生まれてまことに幸福なことだ」と。

【訳注】

① 忠の語は、mt・r・ib であり、口《くち》を意味する r が挿入されているが、この個所は口つまり言語行動が問題になっている

からだと思われる。

② 「主人《ネブ》」は、ここでは、やがて学生が仕えることになる官僚・上役をさす。

父への孝を体得した者が、主人への忠をつらぬくことができる。そしてまた、主人に対して忠をはたす者は、父のすばらしき息子でもある。

なお、『アニの教訓』(18, 6-9) および『メリカラー王への教訓』(XXXVII) において、忠は君主への反逆に対する反対概念として使用されており、忠が孝的性格をもつけれども、身分関係のなかで政治的性格をもち、概念的に孝と区別される事情が示されている。

【注】

(1) 金谷治『孔子』、「人類の知的遺産4」講談社、一九八〇年、五二―三ページ。

(2) 趙紀彬、高橋均訳『論語新探』大修館書店、一九八一年、一六―七、二八―九ページ。

(3) 金谷治『論語の世界』日本放送出版会、一九七〇年、一二六―七ページ。

(4) **mtt-ib** 忠、**loyalty of heart** (**Gardiner, §247, 5**), **right disposition** (**Budge 332**)。聖刻文字《ヒエログリフ》のアルファベット表記の仕方は研究者によって多少の違いがあるが、本書ではガーディナーの文法書の形式にしたがった。ただしアー音のみはāとした。

三　信

辞書によれば、信という字は、人と言とからなり、人の言葉が心と一致することである。すでに序で見たように、孔子学校は、言葉の合理的・積極的な使用を重要視したギリシアの哲学的諸学派とは反対に、寡黙であること、言葉を慎むことを君子たる者の要件として考えた。その理由は、おそらく、「事《こと》に敏にして言《げん》に慎み」(学而一四)とか、「言《げん》に訥《とつ》にして行《こう》に敏ならん」(里仁二四)とかあるように、孔子学校が上からの命令に従ってぶつぶつ言わずに事・行をはたす中・下級官吏の養成をめざしていたからであろう。

「或《あ》る人の曰わく、雍《よう》や、仁にして佞《ねい》ならず。子の曰わく、焉《いずく》んぞ佞を用いん。人に禦《あた》るに口給《こうきゅう》を以てすれば、屡々《しばしば》人に憎まる。其の仁を知らず、焉《いずく》んぞ佞を用いん」(公冶長五)

春秋末期、時代状況はかつてと大きく変わっている。「時の人は佞を賢としていた」(朱子)。さわやかな弁舌、的確な言語表現はいまや大きな価値を与えられている。この点で、中国都市国家はギリシアのポリスに接近していた。しかし孔子学校の卒業生、雍(仲弓)は、すぐれた人格であるにもかかわらず、佞を欠いている。人はそれを惜しむ。すると孔子はきっぱりと、佞などというものは必要がないと断言する。

言葉の使用という点に関して、孔子学派の反ギリシア的性格は明白であり、たとえばギリシアの政治文化においてきわめて重要な要素である政治演説なども、儒教の伝統においては十分に発達してこなかった。すべては孔子から始まる。彼の、言葉に対する不信は深い。それゆえに、論語のなかの信という観念に一つの問題が投げかけられることになる。なぜならば信とかいう徳は、言葉を語るという行為を前提としているからである。

「有子が曰わく、信、義《ぎ》に近づけば、言《げん》復《ふ》むべし」（学而一三）

約束した言葉、みずから語った言葉、その言葉の実行が信である。ただしそのためには、言葉の内容が義《ただ》しくなければならない。いずれにしてもみずから語るという行為なくして信はない。それでは寡黙を美徳とするはずの君子は誰に語るのか。

「子夏が曰わく、賢《けん》を賢として色に易《か》え、父母に事《つか》えて能《よ》く其《そ》の力を竭《つく》し、君に事えて能く其の身を致《いた》し、朋友《ほうゆう》と交わるに言いて信あらば、未だ学ばずと曰《い》うと雖《いえ》ども、吾は必らずこれを学びたりと謂《い》わん」（学而七）

子夏の思考枠組みにおいては、孝、忠、信という三つの倫理的カテゴリーが明確に区別されて配置されている。それゆえ彼の言葉は、父母に仕え、君に仕え、そして朋友に交わるという順序で整然と展開される。信は父母や君に対するのではなく、ただ朋友に対する言葉のまこと、ないしその実行であり、先ほど見た曾子の反省の言葉「朋友と交わりて信ならざるか」と一致する。孔子学派においては、信は朋友ないし同僚という対等な、横の関係における徳である。なぜならば、その関係においてのみ、語るという行為は積極的な意味をもつ場合があったし、君主あるいは上司に共同で仕えるためには、相互に語らねばならなかったからである。

「子の曰わく、人に信なくんば、其の可なることを知らざるなり。大車輗《げい》なく小車軏《げつ》なくんば、其れ何を以てかこれを行《や》らんや」（為政二二）

おそらく論語の右のような比喩の言葉を念頭においてのことだろうが、中国史家の宮崎市定氏は、「忠の論語に現われる頻度は甚だ少ない。これに反して孔子が最も力説したのは信であった。信は一般的人間生活、特に都市国家における市民間の信頼感であって、正に社会道徳の根幹たるべきものであった」と述べている(1)。

孔子が信という徳を強調したのは確かであるが、それが一般的人間生活の基礎として語られたのかどうかは疑問である。これまで見てきたように、孔子は身分的な上下関係という大枠のなかで、そのなかでかろうじて成立する朋友・同僚という対等関係、その小枠においてのみ信の重要さを語っているように思われるのであって、信は一般的人間生活を律する倫理ないし市民倫理ではなく、官吏の身分倫理の、重要ではあるがそれだけでは済まぬ、一つの局面であったように思われる。宮崎氏の論語解釈の基礎には、孔子時代の中国都市をギリシアの都市国家と基本的に同一類型としてとらえるという発想がある。今は立ちいることはできないが、中国都市が君主の居城として、支配の拠点としての性格をもち、したがって都市の空間的構造が外見的にポリスに似ていても内実において大きな差異をもつことが見逃されているように思われる(2)。

古代オリエントに移ろう。

エジプト書記学校は、学生たちに「聞く」という受動的な心構えを教えこもうとしているのだから、当然、その反対である語るという行為については、孔子学校と同じく、慎重であれ、と、教える。

「人の腹は、国家倉庫よりも広く、あらゆる言明(答えるべき言葉)で満ちている。汝は語るべき言葉をよく選ばねばならぬ。そうすれば悪しきことは汝の腹のなかに閉じこめられる」(Ani, 20, 9-20)

官吏たる者は寡黙であるべきだが、それでも訊《たず》ねられたら答えねばならず、その際には慎重に言葉を選ばねばならないというのである。

エジプトにおいても、「言に慎しみ」という基本態度の上に、孔子学派のごとき信という理念が成立していたのか否か、よくわからない。たまたま私の調査不足のために該当する概念が検出されなかったのか、それとも同僚という横の関係が緊密になることに対して、国家権力が不安な、疑い深い眼《まな》ざしを投げつけていたからなのか。あまり参考にならぬかもしれないが、『プタハヘテプの教訓』には友との関係について次のような警句がある。

四七二　彼がその言葉で汝を怒らせたとしても、
四七三　彼にたいし友として振舞え。
四七四　顔をそむけてはならない。
四七五　口を閉じ言葉を出すな。
四七六　彼に傲慢な応答をするな。
四七七　彼から離れず、また近づかず、
四七八└1　非難しないように注意せよ。
四七九　彼の時は必ずやってくる。

最後の行の「彼の時」は、ザバの注解によれば彼が罰をこうむる時の意味である（Pt. p.157）。エジプトの官僚は、友ないし同僚との関係においても、心の内と外とを区別して言い争いを避け、外面的品位を保とうとする。しかし積極的な信頼関係の構築という課題は、十分に明文化されているとは言いがたい。

メソポタミアの現存する知恵文学のなかで典型的な官吏養成のためのテキストと思われる文献がある。それは『知恵の勧め』と名づけられ、校訂者であるランバートによって、カッシート期（前一六―一三世紀）に編纂されたものと推定されている。バビロンおよびアッシリアの官僚倫理を知るうえで最も貴重な資料である。

『知恵の勧め』（BWL, 96-107）は、孔子学校やエジプト書記学校と同じように、まず一般的に、言葉を慎め、という教えを掲げる。

二六　汝の口は制禦され、汝の言葉は防禦されよ。
二七　そこに人の富があり、汝の口唇は貴重なものであれ。

こうした教えは、身分的に上の者の存在を念頭においている。しかし『知恵の勧め』はそこに視線を止めてしまうのではなくて、さらに横の関係へと眼を向け、そこにおけるいわば言語行動の倫理を語る。

一二七　中傷を語ってはならぬ。よきことを語れ。
一二六　悪しきことを語ってはならぬ。よきことを相互に語れ①。

【訳注】

① ランバートは **da-me-eq-ta ti-iz-kàr** を **speak well of people** と訳しているが、これでは意味の通りが十分ではない。**ti-iz-kàr** は **zakārum**（**sagen, AHW1504**）の **GT**幹命令法なので、この **GT**幹の意味を相互性にとる。**Riemschneider, 14.2**

「よきことを相互に語れ」という教えは、神々への供犠や敬虔を勧める一連の教えをはさんで、さらに次の文につながっていく。点線は粘土板の破損部分であり、［　］はランバートによる復原箇所である。

一四八　友と同僚に対し、………を語ってはならぬ。
一四九　偽りを語らず、よきことを［相互に語れ］
一五〇　もし汝が語ったならば（約束したならば）①…………を与えよ。
一五一　もし汝が信頼を与えたならば②、汝は……せねばならぬ。

一五二　同僚の願いを［実行せよ］
一五三　もし汝が友に信頼を与えたならば②……

【訳注】

① taq-ta-bi-ma
② tu-tak-kil は takārum の D幹、zum Vertrauen bringen, AHW1305

メソポタミアの書記学校においても、友ないし同僚という横の枠組みにおいては、言葉を守り、約束を実行し、相互の信頼を築くという、信の徳が教えられていたのである。ただ、神々への敬虔についての教えが、この文の前におかれていることは、信という徳が究極的には神々への信仰によって成り立つという思想の表白であろうから、その点は孔子学派と異なる。

【注】

（1）宮崎市定『中国史　上』岩波全書、一九七七年、一一一ページ。
（2）さしあたりこの点については次の論文を参照されたい。張新力「原始儒教出現の国家構造――春秋都市国家の政治社会学的分析」名古屋大学『法政論集』一六三号、一九九六年。

四　愛

世界の諸思想において、しばしば精神的・実践的な倫理の核心に愛という観念がおかれている。たとえば、ギリシア思想におけるエロースやピリア、原始キリスト教のアガペー、中世カトリシズムのカリタス、原始仏教の慈悲などで、これらはすべて広い意味での愛であるが、その意味内容は相互に重なる面と異なる面とがある。はたして原始儒教や古代オリエントは独自な愛の思想をもっているのだろうか。

「子の曰わく、弟子《ていし》、入りては則《すなわ》ち孝、出《い》でては則ち弟《てい》、謹《つつ》しみて信あり、汎《ひろ》く衆を愛して仁に親しみ、行ないて余力あれば、則ち以て文を学ぶ」（学而六）

ここでは実践的な徳として、孝、弟、信とならんで愛が出てくる。論語のなかには数が少ないが、「樊遅《はんち》、仁を問う、子の曰わく、人を愛す」（顔淵二二）、あるいは、「君子道を学べば則ち人を愛す」（陽貨四）という表現も見うけられる。が、この例では愛という言葉の独自性がよくわからない。唯一、論語のなかで愛の性格について手がかりを与えるものは次の文章である。

「子の曰わく、千乗《せんじょう》の国を道びくに、事を敬して信、用を節して人を愛し、民を使うに時を以てす」（学而五）

仮に、先ほど紹介した趙紀彬の立場をとるならば、この文章において、人という言葉と民という言葉がはっきり使い分けられており、民は使役の対象つまり労役を強制される被支配層が意味されているので、この場合の人は民を使う支配層をさし、したがって愛は忠と同じく支配層に対する心情であり、その具体化としてここでは君主財産の使用における節約、浪費のいましめが語られているのだ、ということになるだろう。

それに対して、朱子や仁斎などは、人を臣下と人民とをふくめた言葉と解して、愛なるものを政治家の人民に対する配慮というふうに考える。

愛という心情が、身分的に、下から上へ向かうのか、それとも上から下へ注がれるのか、解釈の差異は大きく、決着をつけるのは難しい。

しかし、そうした解釈上のちがいよりも、右の文章には、さらには論語のなかの愛という言葉には、もっと根本的な問題が存在する。

孔子没後、彼の学派は成長して大きな団体を形成するが、その時、この儒学の思想に対して正面から反対する墨子学派が登場する。彼らの聖典である『墨子』公孟編には次のことばがある。


「天を尊び鬼《き》に事《つか》え、人を愛して用を節す」(1)

前文の「鬼に事える」という主張は、儒家の立場を批判・否定したもので、論語のなかの、
「季路《きろ》、鬼神に事《つか》えることを問う。子の曰わく、未だ人に事うること能《あた》わず、焉《いずく》んぞ能く鬼に事えん」(先進一二)
という言葉が念頭におかれていると思われる。
後文の「用を節す」は、人民の負担を軽くするために国家財産の使用の節約を主張したもので、墨子学派の基本主張であり、『墨子』のなかに節用編がある。そして、「人を愛す」という言葉は墨子の兼愛《けんあい》思想を述べたもので、彼は孝を基礎とする儒教が結局は内と外を分ける差別主義とその結果としての争いを生むと考え、内と外とを区別しない愛をとなえた。

したがって、論語学而篇の「用を節して人を愛し」という言葉や、他のところで一、二あらわれる「人を愛す」という言葉は、本来は儒教に敵対する墨子学派のもので、それが何かの事情で論語のなかに入りこんできた可能性がある。この点については、ずっと後《のち》に別のコンテキストで検討することになるが、仮に愛という言葉が他からもちこまれたものであるとしても、そこにおかれてからは儒教的色彩を帯びるはずで、その意味あいを考える参考までにエジプトの場合をながめてみたい。

「愛《メレウト》」（**mrwt**）およびその派生語は、エジプト文献資料のなかで論語とは違って最も頻出度の高い言葉の一つである。ちょうど英語のラブやライクのように、人間や物に対して自由自在に用いられ、その語の用法を集めてみても、たとえばアガペーやエロースなどと対比できるような独自性を検出できるわけではない(2)。

ところが、書記学校で用いられた教訓文学に限ってみれば、愛という言葉は独自な方向性と内容を与えられているように思われる。すなわち、日常のなかで使われるその言葉の多様性に対して、教訓文学はその一面のみを引き出し強調し、エジプト官僚社会における愛のあり方を学生たちに教えこもうとしているかのようである。

『プタハヘテプの教訓』第二六章および二七章には、愛という言葉が集中的に現れる。

三八八　高官の時を妨げては成らぬ。
三八九　多忙な者を怒らせてはならない。
三九一　彼を乱す者に対し、彼の不興《ふきょう》が生じ、
三九二　彼を愛する者①から、彼の精神《カー》は離れる。
三九三　その精神《カー》こそが神（王）とともに授与するのである。
三九四　彼を愛し②、彼のために行なうならば、
三九五　彼の顔は怒りの後、汝に向けられる。

三九七　恩恵は彼の精神から（来る）。不興は彼の（汝のL1）敵へ（行く）。
三九八　（彼の）精神こそ愛を増す③。
三九九　高官にとって益あることを教え、
四〇〇　人びとの間にあってその腕をとり、
四〇一　汝の知恵が主人にとって重きをなせば、
四〇四　汝は彼の精神により糧《かて》をえるだろう。
四〇六　彼を愛する者④の腹は満たされ、
四〇七　汝の背は衣服によっておおわれる。
四〇八　彼の腕が導かれるならば、汝は汝の家の生活に向かうこと（配慮）ができるだろう、
四〇九　汝の愛する⑤貴族のもとにおいて。
四一〇　彼はそれ⑥によって生き、
四一一　そしてまた彼は汝によき援助を行なう。
四一二　かくして、汝への愛⑦も持続するであろう、
四一三　汝を愛する人びと⑧の腹において。
四一四　見よ、これこそ聞くことを愛する精神である。

【訳注】

三九〇、三九六、四〇二、四〇三、四〇五行はいずれも写本L1で、破損ないし他との重複文なので省略した。

① 「彼を愛する者」（mrr sw）とは、高官を愛する下級官吏、汝のことである。

② **mrrt・f**

③ 恩恵を与える高官の心が、彼に対する下級官吏、汝の愛を増すという意味である。

④ **mrwt**　校訂者ザバは寵臣《ファボリ》と訳しているが、不定法に解して、彼を愛する、と訳した。Gardiner, §298. ただし、写本L1では完了受動分詞が使われているので、こちらはザバの訳が適当である。

⑤　mrr・k
⑥　この代名詞は、右の「汝の愛（する）」（mrr・k）（四〇九行）を受けるものと解すべきであろう。
⑦　mrwt・k　ザバは　l' amour de toi と訳しているが、「汝の」はラテン語のいわゆる gen. objectivus と同じで、意味は目的語である。汝への愛、汝に対する愛。
⑧　mrr・tw「汝を愛する人びと」（未完了・能動分詞・男性・複数）。

エジプトの文献資料のなかには、「その主人に愛された者」（mrrw nb・f）という表現がしばしば現れるし、官僚碑文にはすでに見たように「私は父に愛され、母に称賛された者である」という定型化された文句もある。愛という自然な感情はさまざまな関係のなかに成立する。けれども、『プタハヘテプの教訓』においては、愛は身分的に下から上へ向かうべきものとして、いわば観念的に規制されている。下の者が上の者に対して愛をもつのであり、それに対し上の者は愛ではなく恩恵を与えることによって応じる。糧や衣服はこの恩恵を象徴する。そしてこの恩恵をえた者は、それによって家の生活を維持し、今度はそこに属する人々の、彼に対する愛を持続させることができる。つまり彼は、手に入れた恩恵をさらに下の者に分与することによって、彼らの愛を受けることができる、というのである。

したがって、身分的上下関係のなかで、愛は下から上に向かい、それに逆対応する形で恩恵が上から下に向かう。『プタハヘテプの教訓』二二章はその意味での恩恵について語っている。

三三九　汝に生じた物によって汝の側近たちを満足させよ。
三四〇　神（王）に恩恵を与えられた者には、それが可能である。
三四一　側近たちを満足させることに欠けた者については、
三四二　人は言うだろう、「それは利己的な精神である、
三四三　人はあす自分に何が起きるか知らず、

三四四　誠実な精神によってのみ人の平和があるのだ」と。
三四六　恩恵《ヘセウト》の機会が与えられると、
三四七　側近たちは「すばらしいことだ」と言うだろう。
三四八　人は地方で支えをもつことができぬが、
三四九　しかし問題があれば側近に頼ることができる。

恩恵は、王を起点にして、高級官僚へ、そして次には彼の側近たちへと流れて行く。それに対して、愛は、側近たちからその主人たる高級官僚、そこから王へと行きつく。王こそが最終的な愛の対象、愛されるべき者となる。この最後の点を、おそらく『プタハヘテプの教訓』は所与の前提として語ってはいないので、他のテキスト『ある男の息子への教訓』第二セクションによって補っておこう。

一　汝の心を神（王）から離してはならぬ。
二　王を称賛せよ、なぜなら汝は彼の支持者として彼を愛しているのだから。
三　彼は、彼の権力を拡げる者のみを喜ばせる。
四　彼を忘れる者は着地することがない。
五　彼は、彼が恩恵を与える者にとっては、百万の人間よりも重要である。
六　彼を満足させる者にとって彼は（保護者）である。
七　彼に仕えてとりまく者の財産は豊かになるだろう。
八　彼を愛する者に①、彼はその心を向けるであろう。

【訳注】
①　テキストの校訂者エルフェルトは、第八行前半を　dd－jb＝f　n－mr　n＝f　と読み、「彼（王）が愛するようになっ

た者に」と訳し、その上で次のように注記している。
「愛は、第五行の恩恵（ḥz n = f）と同じように上から下へと下降する。第二行をも見よ。そこでは逆の関係になっている！」（eines Mannes, S.50）。つまりエルフェルトは、n=fを、Śḏmw・n・f 関係形として解釈しており、実際、nの前に決定詞がおかれ、この形の一つの特徴がヒエログリフに見える。Gardiner, §387, 3. ただし、エルフェルトの依拠したものとは別の写本（p.14374）では、mrwt・f となっていて、これを不定法ないし名詞として考えれば、彼（王）は主語ではなく目的語とみなすことができ、右の私訳のように訳すこともできる。

エジプト官僚社会における愛は、下から上に向かい、究極的には王への愛に行き着く。この愛の方向性は、写本の違いが示すように、十分確立しているとはいえないが、しかし書記学校において、こうした愛のあり方が教えこまれたことは確かなもののように思われる。なぜならば、右の引用文第二行の、

「汝は彼の支持者《メレウ》として彼を愛している」

という表現が示すように、愛という観念のなかに、政治的ニュアンスがおりこまれているようだからである。

『メリカラー王への教訓』においても、

「彼を愛する支持者《メレウ》」（II, V）

という同じような表現があらわれる。この場合の彼は、王ではなく、王に対する反逆の指導者をさしている。が、言葉の用法は同じである。愛するという行為もしくは心情は、政治的な支持・服従と緊密に結びついているのである。したがって、書記学校の教える愛は、さまざまな人間関係に芽ばえる自然的な感情としての愛を規制し、それを上へ、ついには王へと向かうものとして概念構成されている。自然的な感情としての愛を放置すれば、それは忠と対立する方向を歩む危険があるからである。

『メリカラー王への教訓』のなかで、故王は新王に次のように語る。

「汝にたいする愛によって、汝のための記念碑を建てよ」(X)
「汝にたいする愛①を、全世界に与えよ」(IL)

【訳注】

① mrwt・k の接尾辞は gen. objectivus であり、「汝の愛を全世界に与えよ」(筑摩)、Gibe the love of thee to the whole world (ANET418) などの訳では意味が逆になる。

エジプト官僚社会は頂点に王が立ち、その下に役人組織があり、底辺に民がいる。それゆえ、官僚の碑文には、「(わたしは)日々、民に愛された者である」という自賛の言葉が現れる(Lichtheim, 24, 26)。官僚が民を愛するのではなく、民が官僚を愛するのである。次のような碑文もある。

「わたしは王の恩恵《ヘセウト》を得た。そして、その(自分の)従者たちの愛を(得た)(mrwt・i ẖr Šnyw・f)」(Lichtheim, 130)

【注】

(1) 山田琢『墨子』上、下、「新釈漢文体系50」、明治書院、一九七五、八七年、六二九ページ。
(2) LÄ, III, Liebe, 1034-5.

五　仁とマアト

論語のなかに仁という言葉は最もしばしば現れる。論語が仁を基本テーマにしていることはまちがいないし、おそらくそれはよく言われるように、仁が孔子にとって最高の徳目だったからであろう。

それでは仁とは何なのか。

ふしぎなことに、このようにストレートに問いかけると、突然、仁は姿を消して秘《ひそ》かなヴェールにおおわれてしまう。便宜上、仁は、「人間の自然な愛情にもとづいたまごころの徳である」(1)とか、あるいは、「人間の愛情を基礎とする道徳」とそれを「実行する意力」(2)などと定義される場合があるが、そもそも論語における愛という言葉じたいが問題をはらんでいるのだから、こうした定義はきわめて主観的なものとなる。かといって、孔子の儒教が孝を基礎としているので「仁の具体的事実は孝で、孝は父子の愛情の偽わらない表現である」(3)、と割り切ってしまうのであれば、仁は孝のなかに解消され、やはり姿を消してしまう。

仁は孔子のとなえる最高の徳であり、その言葉は論語のなかで最も頻出度が高く、それでいてつかみどころなく茫漠としている。こうした事情の背後には、仁について明確な説明を回避する孔子自身の態度も関わっているのかもしれない。

「子、罕《まれ》に利を言う、命と仁と」（子罕《しかん》一）

ふつう、これら三つはあまりに重大なことがらだったので孔子は軽率に口にしなかった、と注解される。しかし、はたしてそうなのか。たとえば仁斎も、仁の徳があまりに偉大なので、かるはずみな心を起こさせまいとして、めったに語らなかったのだ、と解釈しているが、しかし論語のなかには仁を身近な徳として語る孔子の言葉もある。

「子の曰わく、仁遠《とお》からんや。我《わ》れ仁を欲すれば、斯《ここ》に仁至る」(述而二九)

この言葉の、いわば歴史性を考える際、「我れ」という言い方に注意を払う必要があるかと思う。もし孔子が自分自身をさしてそう言っているのであれば、他の人はともかく孔子のみは簡単に仁に至るという意味を帯びてきて、凡人から超然とする孔子像があらわれてくる。しかも彼がみずから言うという体裁をとっているから、その言葉はやや傲慢なひびきをもつ。したがって、その場合には、この言葉は孔子のものではなく、彼の倫理的資質を偉大化しようとする後世の創作である可能性が強いと言うべきだろう。しかし、通常、論語のなかで孔子が自分をさしていう時、「吾《わ》れ」という字が使われ、時折また「予《わ》れ」も使われる。したがって今の場合の「我れ」を、金谷治氏や吉川幸次郎氏などの訳のごとく一人称複数われわれと解釈し、孔子が弟子たちとともにその身をおいて語った言葉として理解すべきであるだろう(4)。そうであれば、この言葉に後代の潤色をまぬがれた歴史性を認めることもできるし、その意味も、欲しさえすれば至ることのできる仁の身近さというふうになる。孔子だけではなくて弟子たちにとっても、仁の実現はたやすい。

が、しかし、他方では、昔からの注解者たちのイメージするような、仁の深遠性を示す孔子の言葉も確かに残されている。

「克《こく》・伐《ばつ》・怨《えん》・欲《よく》、行なわれざる、以て仁と為《な》すべし。子の曰わく、以て難《かた》しと為なすべし。仁は則《すなわ》ち吾れ知らざるなり」(憲問二)

孔子を偉大化しようとする後代の作者が、「仁は則ち吾れ知らざるなり」という、いわば仁についての無知の告白とも見える言葉を孔子の口にいれることはないだろうから、この言葉も歴史上の孔子にさかのぼる可能性が強い。するとどうなるのか。仁は孔子にとって身近な徳であり、また測りがたき理念でもある、ということにならないか。

孔子は、確かに仁を明確に定義したり説明したりはしない。けれども彼は仁についてきわめて具体的なイメージをもっている。

「子の曰わく、知者は水を楽しみ、仁者は山を楽しむ。知者は動き、仁者は静かなり。知者は楽しみ、仁者は寿《いのちなが》し」（雍也二三）

おそらく仁という徳は、直接的な定義に不向きな徳で、ひゆによってイメージを伝えるのに適しているのである。もちろん、そうであっても、孔子と弟子たちはそれを欲し、志すことができる。

「子の曰わく、苟《まこと》に仁に志《こころざ》せば、悪しきこと無し」（里仁四）
「子の曰わく、回《かい》や其《そ》の心三月《さんがつ》仁に違《たが》わず。其の余は則ち日月《ひびつきづき》に至るのみ」（雍也七）

いったい孔子のいう仁をどのように理解したらよいのだろうか。そもそも、仁とは何かという、あたかも定義を求めるかのような問題の提出の仕方が、まちがっているのかもしれない。仁はおそらく、孝や忠や信など他の徳とはレベルが異なり、むしろその無規定性のなかに固有の特徴を示しているように思える。それでは、その無規定性はどこから現れるのだろうか。

仁に接近するためには、やや迂回して、仁そのものではなく、その担い手に目を移すのがよいかもしれない。その点で論語のなかには注目すべき言葉が一、二ある。

「子貢、仁を為《な》さんことを問う。子の曰わく、工《こう》、其《そ》の事を善くせんと欲すれば、必らず其の器《き》を利《と》くす。是《こ》の邦《くに》に居りては、

其の大夫の賢者に事《つか》え、其の士の仁者を友とす」（衛霊公一〇）

ここでは、すぐれた大夫は賢者と呼ばれ、その下に立つ士（中・下級官吏）のなかに仁者の存在が想定されている。ひょっとして本来は、仁の担い手としてとりわけ士身分が考えられていたのではあるまいか。孔子学校が、中・下級官吏の養成を課題としていたことは繰り返すまでもない。たとえ士なる言葉が、当時、軍人をさしていたとしても、孔子学校はその士を理想的な官吏をさす言葉へと転用したのである。

「曾子のいわく、士は以て弘毅《こうき》ならざるべからず。任《にん》重くして道遠し。仁以て己《おの》れが任と為す。亦《ま》た重からずや。死して後已《のちや》む、亦た遠からずや」（泰伯七）

孔子の継承者である曾子にとっても、仁という徳は士という言葉と緊密に結びついている。もちろんその言葉は、時代とともに一般化・抽象化されて、特定の身分関係から抜け出して使用されるに至ったであろうが、しかし孔子学校においては、なお、大夫に仕える士として、社会的具体性を備えていたのではなかろうか。仮にそうであるとして、なぜ仁は士身分と結びつくのであろうか。

士（中・下級官吏）を当時の身分的諸関係のなかで見れば、いうまでもなくその上に、侯・卿・大夫がいる。上に対して士は忠をもって仕えねばならない。と同時に、同じ士身分に対しては信を守らねばならない。が、それだけではなく、彼らの下には民がいる。孔子のいわゆる徳治主義からするならば、支配の末端機構を担うものとして民に直面したとき、彼らは法的・物理的な強制力によってではなく、「これを道びくに徳を以てし」（為政三）という態度をとらねばならない。つまり士たる者は上に対して忠を貫きながらも、下に対しても徳によって対応しなければならない。仁というものは、まずは、この二つの関係を両立させる徳なのである。

「仲弓《ちゆうきゆう》、仁を問う。子の曰わく、門を出《い》でては大賓《だいひん》を見る如くし、民を使うには大祭に承《つか》えまつるが如くす」（顔淵二）

論語のなかには、「子の曰わく、民の仁に於けるや、水火よりも甚《はなは》だし」（衛霊公三五）という言葉もある。その意味は、おそらく、以上の意味での仁の担い手が、民にとっても水や火よりも大切だということで、その言葉の背後には、今や法的・物理的強制力によって外的内的な困窮状態におかれている民への孔子の同情のこもった観察があったのであろう。

ところが、もちろん、二つの異なる徳の両立という問題は、上への忠と民への徳ということがらに限られているわけではない。横の関係においては信、父母に対しては孝、さまざまな関係のなかで、その関係を律する徳を実現していかねばならない。するとどうなるのか。一方の徳を貫けば、他方の徳がたおれる、というきわめて危険な状態が生まれ出てくるかもしれない。それは身分倫理というものがはらむ必然的な帰結でもある。その時に、この倫理的に危険な状態を回避して、縦横《たてよこ》、複雑な身分関係におけるさまざまな徳を、矛盾なく相互に調和させる倫理的なバランス感覚こそが仁とよばれる徳なのではあるまいか。だからそれは、他の諸徳とならんである一つの実体的な徳でもなく、定義にもなじまないが、しかしそれでいて、すべての徳が欠けることなく現れる前提をなすものなのであろう。

仁についての、こうした解釈の一つの根拠として、仁の阻害要因にかかわる次のような表現を掲げることができるかもしれない。

「子の曰わく、人の過つや、各《おのおの》其の党に於《お》いてす。過ちを観て斯《ここ》に仁を知る」（里仁七）

朱子は、党という言葉を、君子と小人との違いというふうな意味での種類と解し、仁斎は親類や友達など、徂徠は、朝廷から離れて親類や友達のいる郷党とし、珍しく仁斎に従いこれを補っている。しかし、この文における党の意味は、「君子も亦《ま》た党《とう》するか」（述而三〇）という言い方があるように、一方に偏ること、公平・バランスを欠くこと、であると思う。というのは、人は党において「過つ」のであるが、この「過つ」という字はいうまでもなく何か積極的な悪を犯すというのではなく、度を越えること、いきすぎることをさすからである。つまり、さまざまな徳のなかで一方にいきすぎると、仁がくずれるのである。だから、その偏りを見れば、仁を回復する道がわかる。

現実の、時には諸徳の相克する場に身をおく中・下級官吏にとって、仁をめぐる問題はリアルで切実であったにちがいない。論語のなかには、忠孝一致というふうな安易なスローガンはない。徂徠の言い方をまねれば、忠は忠、孝は孝である。その他も同様である。その相克状況に対して、表面的・一時的ではなく、深くバランスのとれる人格を形成できるならば、その者は動かず静かで、いのちながし、という風になることもできる。だから再び孔子はいう。

「子の曰わく、仁に里《お》るを美《よ》しと為《な》す。択《えら》んで仁に処《お》らずんば、焉《いずく》んぞ知なることを得ん」（里仁一）

読み下しは里を名詞ではなく動詞に解する徂徠の説に従っている。しかし文意は、人間諸関係・諸徳の交差する地点にどこまでも踏みとどまるべきで、一方を選んで偏るならば、その選択は決して知とはいえない、というふうに解すべきではないかと思う。

けれども、諸関係の結節点に立つ人間にとって、どうしてもいずれかを選ばざるをえないという極限状況をむかえる時がこないとは限らない。その時にはどう身を処するのか。たとえば、あの直躬物語をさらに深刻化したような状況のなかで、人はついに孝ゆえに忠を捨てざるをえないのか。みずから選ぶ意志がなくとも、外側から選択を迫ってくる状況のなかで、人はいかに振る舞うべきか。

「子の曰わく、志士仁人《ししじん》は、生を求めて以て仁を害すること無し。身を殺して以て仁を成すこと有り」（衛霊公九）

こころざしをもつ士、仁の人は、諸関係の相克をみずからまともに引き受けて、死しても諸関係の総体、あるべき秩序を守る。仁の実現は究極的には他ではなくおのれを捨てる覚悟の上に成り立つのである。

仁と比較できる倫理概念を古代オリエントに求めるとすれば、おそらくエジプトのマアトがそれに該当するであろう。

マアトは、文脈に応じて、秩序、正義、真理などと訳される。マアトは仁と同じように、個別具体的な徳ではなく、それらすべて越える幅広く基底的なことばであるが、しかし、エジプトにおける「官僚制の宇宙論的な意義」、つまり、王を頂点とする官僚制こそが、人間世界と自然秩序との双方をふくむ世界過程の中心に位置するという思想のために、マアトは仁よりもさらに幅広い概念でもある。宰相の統轄する行政官庁は、神格化された女神マアトをその守護神とするけれども(4)、彼女は「ラーの娘」として宇宙の最高神ラーの権限の分与をも受ける(5)。こうした神話的世界像は孔子学派の世界とはひどくかけ離れている。したがって、仁とマアトを比較するといっても、官僚倫理としての限られた範囲内のことでしかない。

官僚の倫理をさす言葉として、マアトは古王国第五王朝末期の碑文に最初に現れるといわれるが(6)、その内容については、ほぼ同じ頃の作『プタハヘテプの教訓』に点在するマアト概念の使用から、ある程度のことを推定することができる。そのいくつかの使用例を拾ってみよう。

九五　彼（貪欲な者）は、私は自分自身で手に入れよう、と言い、
九六　私の職務によって手に入れよう、とは言わない。
九七　しかし終わりが来る時、永続するのはマアトである。

所有は職務の遂行によるばあいのみ正当なのであり、それとは別の仕方で、みずからの力で富を手に入れようとすることは、職分の編成である官僚制的秩序に対立する不正な行為なのである。したがって、この不正に対する反対概念であるマアトは官僚制的秩序そのものをさしている。そしてこの秩序は身分的諸関係の総体からなっているのだから、マアトは仁に接近し、一つの関係ではなく諸関係の総体としての秩序をささえる徳行である。

一四五　もし汝が信頼される側近であり、
一四六　ある高官が他の高官に派遣する者であるならば、
一四七　彼が汝を派遣するとき、完全に忠（メト・イブ）をつくせ。
一四八　彼が言ったままに伝言を伝えよ。
一四九　しかし言葉によって悪をひき起こさぬように注意せよ。
一五〇　高官が高官に顔をしかめることのないように。
一五一　マアトを守り、それを越えてはならぬ。
一五二　心からあふれるものを繰り返してはならない。

高官に仕える側近（中・下級官吏）は、その主人に対し完全なる忠をもって仕えねばならない。しかし高官と高官との関係という官僚制的秩序全体の視点に立つとき、忠の限界がはっきりあらわれてくる。右の例によれば、側近が忠を貫き、主人と一体となって、主人の伝言とその怒りの感情、心からあふれるものをも派遣先の高官にぶつけるならば、そこに対立・悪が生れ、秩序がくずれてしまうことになる。したがって、このばあいのマアトとは、一方で忠を貫きながらも、他方で官僚制的秩序全体へと眼を配る倫理的なバランス感覚であり、仁という概念とぴったり一致するわけではないが、似ていなくもない。

次の例はどうだろうか。

六二八　汝の主人が汝について、こう語るように行為せよ。
六二九　「彼の父の教えはなんとすばらしいことか。
六三〇　彼はその体から出てきたのであり、
六三一　彼がまだ母の体のなかにある時から、彼（父）が教えたところの者である。
六三二　彼（息子）が行なうことは、彼に語られたこと以上である」。
六三三　見よ、神によって与えられたすばらしい息子を。
六三四　彼はその主人によって言われたこと以上をなす者である。
六三五　彼はマアトを行なう。

父の教えを守り、父の言葉を実行する息子は、また、主人の言葉をよく実行する者であり、いずれに対しても語られたこと以上をなす者である。テキストはいわば孝と忠とが幸福に結合するかのごとく語っているが、しかしそれは日常的な事実についての言明ではもちろんなく、かくあれと命じているのであって、その背後には、時には忠と孝が緊張関係に陥るという意識がひそんでいるのかもしれない。十分に検出できないが、もしそうであれば、このばあいのマアトは忠と孝を一致させ両立させる徳行ということになるだろう。ただし右の文からだけでは確言はできない。

いずれにせよ、マアトを行う者は、以上の例からすれば、高官の側近つまり中・下級官吏であるが、宰相プタハヘテプはその教えを結ぶにあたってみずからを振り返り、

「王のためにマアトを行なった」（Pt.644）

と述べている。のちの時代の官僚碑文にも、

「わたしはその主人（王）のためにマアトを行なう僕《しもべ》である」（Lichtheim, 92-3）

という言葉があらわれる。もちろん、宰相やそれに準じる高級官僚は、仁を担う士身分とはかけ離れた地位にあるが、しかし上と下の間に位置する限り、「忠信を主として」仁を実現する士と同じく、マアトの担い手となってもお

かしくはない。

それでは、王とマアトの関係はどうなっているのだろうか。

『アメンエムハト一世の教訓』においては、王が「マアトを啓示する」(IC)。

この教訓は、古王国解体後、第一中間期の終わり頃の作であり、かつての秩序の再建が現実的な課題となっている時期のものである。今や王が新しい秩序の創設者として立ち現れ、マアト(秩序原理)を啓示するのであるが、しかし彼はそれを白紙の上に自由に構想するというわけではない。ほぼ同時期の『メリカラー王への教訓』では、次のように言われている。

Ⅸ　マアトは、(王の)先祖たちが語った意見《セケレウ》のままに、彼(王)のもとへと濾過《ろか》されて来たる。

Ⅹ　汝の父(王)たちや父祖たちに倣《なら》え。……見よ、彼らの言葉は書物のなかに保たれている。開いて読み、その知恵に倣え。知ある者は教えられることから生れる。

現在の王がマアトを啓示するといっても、彼は歴史のなかの媒介者であるにすぎず、マアトそれ自身については、「マアトはすばらしく、永遠で有効、オシリスの時から変ったことがない」(Pt.88-9)といわれるように、歴史を超越するのであり、あえてその啓示者ないしそれを現実化した創設者を問うならば、王の遠き父祖たちということになる。それはちょうど徂徠の強調する「先王の道」のごときものであり、また論語においても、あるべき秩序の創設者は伝説のなかの帝王、堯《ぎょう》に帰せられている。

「子の曰わく、大なるかな、堯の君たるや。巍巍《ぎぎ》として唯《た》だ天を大なりと為《な》す。唯だ堯これに則《のっと》る。蕩蕩《とうとう》とし民能《よ》く名づくること無し。巍巍として其れ成功あり。煥《かん》として其れ文章あり」(泰伯一九)

儒学の発展のなかで、孔子学派の前提とする社会秩序そのものの創始者が問題となるとき、堯《ぎょう》、舜《しゅん》、禹《う》、という太古の聖王が人々の意識にのぼってくるのである。

それでは、過去の王たちの見いだした秩序《マアト》と、孔子のいう仁とは、どのように関係するのだろうか。永遠の相のもとにおかれた原秩序としてのマアトは、ことがらを客観的に表現する言葉であるが、アングルを変えてこれを主体の側から見るならば「アマトを為《な》す」という言葉があるように、「仁を為す」に接近し、秩序を現実に実現する徳行を意味する。それゆえ、この面においてのみ、マアトはある程度、仁との共通性をもつように思えるが、しかしまた両者の間には隔たりもある。

孔子の世界において、これまで見てきた諸徳すなわち孝、忠、信、民への徳などは、本来、親和的な関係をもっている。孝を基礎にして、忠の精神が形成され、信によって、官吏は共同して忠を実行できる。民への配慮も、君主への忠と矛盾するわけではない。それによって民が豊かになり、上に対して内面的に服するならば、そのことは君主にとっても大きな価値をもつ。そうした限り仁の実現はたやすい。ところが、時には、その幸福な状態に亀裂がはいり、諸徳が拮抗《きっこう》してきしみ始めるとき、仁の人は諸関係の接点に立って、その身を殺す覚悟のなかにはいる。仁の帯びるこの、いわば悲劇的な覚悟性という特徴は、エジプト官僚の担うマアトという概念には決して見られないものである。秩序が崩れ落ちていく時、エジプトにおいては、『生活に疲れた者の魂との対話』という作品におけるペシミズムや、あるいは、『雄弁な農夫の物語』における、官吏への公正さの要求などが例外的にあらわれるが、しかし官吏身分の内側から仁のごとき倫理的な理想が生まれることはなかった。エジプトの官僚倫理が、時には倫理というよりも巧利主義的な処世術という色調を帯びるのはそのためではないか。

【注】

（1）金谷治『論語』訳注一八ページ。

（2）吉川幸次郎『論語』上、「中国古典選3」、朝日文庫、一九七八年、一五ページ。
（3）武内義雄、前掲書、一〇四ページ。
（4）W. Helck, Zur Verwaltung des Mittleren und Neuen Reichs, 1958, S.56.
（5）LÄ, III, Maat, 1110-1119.
（6）Lichthein, 9, 18.

二章

官吏と国家の性格

エジプトの教育は、農民や職人たちの実地教育を別にすれば、五才から十才ぐらいまでの学校教育から始まり、成人してからも続けられて、官吏としての諸技能以外に、「全人格の形成」「エジプト的な人間理念の陶冶」をめざすものだった(1)。古代中国においても、庠《しょう》とよばれる地方の学校（郷学《きょうがく》）があったといわれるが(2)、孔子学校はそうした教育を前提とする成人教育の場で、やはり全人格の形成をめざした。その限りでは、たとえば古代ギリシアの「教育《パイデイア》」の理念などと何も変わるところがないが、しかしこれまで見てきたように、オリエントの書記学校や孔子学校においては、全人格の形成ということで特殊な身分倫理が教えこまれた。それは双方の学校が、実際には理想的な官吏の養成機関であり、そしてその官吏なるものが当時の特殊な身分関係のなかにはめこまれ、人間に仕えるという性格をもっていたからである。近代的な官吏であるならば、法的に規定された職務の遂行における誠実性が問題となるのであって、人間それじたいに対する忠誠が問題となるわけではない。したがって言うまでもないが、古代官吏の身分倫理の背後には、官吏および国家組織の特殊な性格が横たわっているのであって、以下、その点について具体的に眺《なが》めてみたい。

一　家産制的官吏

孔子の門人の多くは、序で例示したように、宰《さい》という名の官職についている。宰は辞書によれば、

「もと、君主のそば近くつかえ、こまごまとしたこと、ことに料理をつかさどる者をいい、のちに転じて、官吏の長の意になった」

とある。官吏の長といっても、論語のなかには「太宰《たいさい》」という官職名があり（子罕六）、孔子学校の卒業生はこれにおよぶところではなかったらしいので、宰を官僚のトップとするわけにはいかない。けれども反対に、論語のなかの宰は末端の官吏でもない。

「仲弓、季氏《きし》の宰と為《な》りて、政を問う。子の曰わく、有司《ゆうし》を先きにし、小過を赦《ゆる》し、賢才を挙《かか》げよ」（子路二）

宰は有司（下級役人）を自分の判断で選び、家来として使うことができたのである。

季氏は卿《けい》の一人で、実権を握り、仲弓を宰という地位に登用した。当時、孔子のいる魯国では、公《きみ》（都市君主）はなお存在していたが、「公室《きみのざいさん》」（士の住む郷）はその分家たる三卿（三桓氏）に三分され、それぞれの「家室《いえのざいさん》」となっていた。こうした事情は魯国に限らず、斉《せい》、鄭《てい》、晋《しん》などの諸国にも見られる。そして、いまや実権を握った諸卿が、地方の領地に派遣して徴税その他、行政事務一般の監督にあたらせた者が論語のなかの宰であるらしい。そし

てその際、増淵龍夫氏によれば、卿と民とをつなぐ地位にある宰は、時には地方でみずから実権を握ってその主人である卿に反逆する場合もあったという(3)。

したがって、宰の忠誠心の育成は絶えず課題とされていたのであるが、孔子学校はこれを孝的性格の色濃い忠という心情の形成によって果たそうとした。というのは、宰の地位に立つ官吏を、文字通り主家に仕える家臣として考えたからである。つまり宰は、なるほど卿の支配領域を管理・監督する公的な行政官として徴税や司法などにあたるのであるが、しかしそれは卿を主人としてその「家室《いえのざいさん》」を管理する召使・僕《しもべ》として仕えることをも意味するからである。そのことはとくべつに卿のばあいに限られるわけではない。孔子学派の考え方によれば、官吏なる者は、主人の家の管理者なのであり、したがって拡大された孝ともよぶべき忠の精神によって主人に仕えるのである。こうしたイメージにおける官吏を家産制的官吏とよぶのが適切であろう。この言葉は、かつてマックス・ウェーバーによって『儒教と道教』などの著作で適用されたものであるが、今でも有効性を失っているわけではない。が、それはともかくとして、身分倫理という点で、孔子学派とオリエント教訓文学とがある程度の共通性を示すとすれば、オリエントの官吏においても宰と同じような性格が見られるはずである。

宰相プタハヘテプは、行政官僚のトップに立ち、数々《かずかず》の輝かしい肩書をもってあらわれるが、直接、王に向かって語る時には、みずからを「召使《バアク》」と呼ぶ（Pt.28）。セトソトリス一世に仕えた官僚も、

「わたしはその主人に愛された召使《バアク》である」（Lichtheim, 33）

と墓碑に刻んでいる。「召使《バアク》」のかわりに、「奴隷《ヘム》」という言葉が使われる場合もある(4)。

官僚が王に対して「召使」と自称するだけでなく、王の方も国家官僚を私的な召使とみなすことも珍しくはない。『アメンエムハト一世の教訓』のなかで、王は、「廷臣たち《シュネイト》」（VIII b）を「召使たち《バアクウ》」（VIII b）とよびかえている。

末期王朝時代のテーベの官僚はみずからを、

「臣下の頂点に立つ貴族、王冠の守り手、王の召使、……その（王の）家においてホルス（王）を満足させる者」

（Otto, Inschrift 18, S.155-6）

と誇らしげに呼んでいる。

国家官僚は同時に王家の召使であり、国家と王家は一体である。それゆえに、「汝の家にてマアトを語れ、そうすれば国の貴族たちは汝を尊敬するだろう」（Merikare, XV）という言い方もあらわれる。ここでいう汝とは新王をさしている。

メソポタミアにおいても、国家官僚は同じような性格を帯びている。『知恵の勧め』には次のような文章がある。

八一　わが子よ、もし、汝が君主のものであること（šà ru-bé-e at-ta）が、彼の心であるならば、
八二　もし汝が彼の貴重な封印を汝の身につけるならば、
八三　彼の宝庫を開き、中に入れ。
八四　汝を除いて対等な者はいない。
八五　限りなき財宝を、汝は内部に見るが、
八六　これらのいずれをも、汝は欲してはならない。

アリストテレスは『政治学』のなかで奴隷を定義して、「人間でありながら、その自然によって自分自身に属するのではなく、他人に属するところの者、……そして他人に属する者というのは人間でありながら所有物であるところの人間のことであり、所有物というのは行ないのための、しかもその所有者から独立な道具のことである」（1254a14-17）と述べている。バビロンおよびアッシリアの宰相ないし宝庫長官は、たとえ官僚身分のトップにあるにしても、「君主のもの」、君主に属するところの者であり、アリストテレスのいう意味での奴隷にほかならない。実際、アッカド語の「召使」（wardum）という言葉は、王との関係においては、エジプトの場合と同様に、国家官職の担い手を意味すると同時に、私的な「王の召使」（wardum šarrim）でもあり、王という他人に属する者として使われ

る(5)。したがって、辞書にあらわれるこの言葉の用法では、官吏と召使とに訳し分けることはできないし、また家の主人と国家の君主も意味上、一体化している。たとえば次のような表現。

「この点について、わが主人《ベール》（君主）に報告しなかった官吏《ワルドゥ》（召使）は、わが主を愛してはいない」（wa-ar-du ša ana annītim bēlī la uwaṣṣiṣu ul irammu）（CAD, AII 249）

この用例では、官吏は召使であり、そしてエジプトと同じく愛は下から上に向かう。

さて、これまでのところ、宰相やそれに準じる国家官僚が王家の召使という性格をもつということを見てきたのであるが、事柄はそのレベルにとどまるわけではない。資料の残存状況は、当然、宰相などの高級官僚に関するものが多く、したがって主人の家ということで王家を意味するものが多いというにすぎない。その点、トトメス三世時代の官吏アメネムヘトの碑文は貴重な資料である。

「公正なる書記アメネムヘトはいう。私はその主人に従う召使《バアク》であり、言われたことを進んで行なう者であり、彼（主人）はその全家を私の杖のもとに置き、彼のすべての封印を私の配慮のもとに置いた」（Lichtheim, 54）

アメネムヘトの主人は、王ではなく、テーベの都市長官であり宰相でもあるウェスレという人物である。

宰相は国家の官吏であり、かつ王家の召使である。その宰相も、今度はみずからのもとに下級官吏としての公的な書記《セシュ》を従えるが、その書記は宰相の家の私的な召使なのである。こうした関係はどこまでも続く。資料には現れないが、アメネムヘト自身も、その下に、公的官吏でもあり彼の家の召使でもある家臣をもつのである。

アッカド語の資料にも、数は少ないが、次のような用例がある。

「行政官ＰＮ（人名）は、彼（主人）の家、彼の官吏たちの成員であり、彼の代理人である」（mār bīti mārē bītātišu LÚ. ARAD MEŠ-šu u paqdu ša PN）（CAD, AII 248）

ここで彼とよばれているのは王ではなく高級官僚で、行政官ＰＮは彼の官吏であり彼の家に属する成員でもある。以上のような、宰相から始まって下降を続ける官吏・召使の系列に関して、古代ウガリット王国の研究者シュローンは、

「ウガリット王国は本質的に、王家を頂点にして、家々の内部に蜂の巣状になった家々のヒエラルキーである(6)」という興味深い表現を与えている。もちろんこうした特徴はウガリット王国に限らず古代オリエントに見られる政治社会学的な現象で、おそらくは孔子学派の前提とする社会像にも共通するものだったであろう。こうした社会は、別のひゆを使えば、大きな水晶のかたまりに似ているかもしれない。それを石にぶつけて砕くと、大小のかたまりとなって散るが、そのいずれもが同じ形の結晶体でただ大きさだけが違うにすぎない。

この結晶体の構成、家々のヒエラルキーの成り立ちについて、もう一歩立ち入って調べてみよう。

エジプトの文献において、すでに見たが、信頼可能な官吏・召使は、主人の「側近」という名称でよばれることもある(7)。「側近」の原語は「入る《アーク》」という動詞の派生語で、おそらく家に入ることを許された者という意味あいがあるだろう。ちょうど仲弓が季氏の家に入り、宰として仕えたように、エジプトでも血縁関係に関係なく、誠実な官吏は主人の家に受けいれられ側近となる。この家の開放性が、家々のヒエラルキーが成り立つ前提である。ところが、同時に、エジプトの家は、中国も同じだが、外と内とを分かつ閉鎖性をもっている。

「汝の手によって、汝の家にあるものを守れ。
財産は守られる時にのみ成り立つ。

汝の手によって、よそ人《びと》のために浪費するな①。

彼らは貧困のために汝のもとに来たのだ。

財産は利子のある場所に置け。

そうすれば、それは増えて汝のもとに戻る。

汝の土地に、汝の財産のための倉庫を作れ。

そうすれば、汝の者たちが、汝の道にそれを見いだす」（Ani, 18, 9-11）

【訳注】

① E. Suys, La Sagesse d'Ani, 1935, P.47, は、禁止のmを「拒否する」という動詞にかけ、逆の意味にとっており、邦訳（筑摩）もそれに従っているが、文法的にも内容的にも新しい校訂者クアックの解釈が妥当であると思う。

『アニの教訓』は、その内容から、中・下級官吏を養成するためのテキストとして考えられるが、そうしたあまり身分の高くない官吏においても「汝の者たち」と呼ばれる側近がおり、彼らを「倉庫」によって養うが、しかし「よそ人《びと》のために浪費する」ことは禁じられる。この、家の閉鎖性は次のようにも表現される。


「汝は、他者の家に入《アーク》るべきではない、彼が汝を適切に入らせる《セ・アーク》までは。

彼の家で、悪しきことを見てはならぬ。黙っている時、汝の眼で見てはならない。

外部の者に語ってはならない、そうすれば、聞かれても、死に値する大きな罪を犯さずにすむ」（Ani, 16, 9-13）

家は古代オリエントにおいて、おそらく中国においても、王家から下級官吏にいたるまで、主人が側近を「倉庫」ないし宝庫によって養い、他の家に対して閉鎖性をもつ小宇宙をなし、それぞれが側近（家産制的官吏）の存在によって上下につながっているのである。こうした家のつながり方は空間的にも表現される。『プタハヘテプの教訓』には次のような警告がある。

二二〇　もし汝が控えの間にいるならば、
二二一　汝の地位にふさわしく振舞え、
二二二　最初の日に汝に命じられたごとくに。
二二三　叱責されぬように、それを越えてはならぬ。
二二四　入室を告げる者の顔は鋭い。
二二五　（彼を）満足させる者の場所は広い。
二二七　控えの間はきわめて正確な規則に従う。
二二八　すべての行為は尺度に従う。

控えの間は、閉鎖的な家と家、その上下関係の空間的な接点であり、いわば国家秩序の結節点であるのだから、そこにおける振る舞いについては厳密な規則が決められているのである。
ところがさらに、上下につながる家の閉鎖性は、今度は家内部に反射して、主人の属する「家の前の部分」と、召使の属する「家の後《うしろ》の部分」とに分割される(8)。
『メリカラー王への教訓』は、新王に次のように告げる。

「汝は、汝の家において、国にいる官僚たちが汝を怖れる（敬う）ように、マアトを語るべきである。まっすぐなこと（忠）は、主人にたいする誠意である。主人の部屋は召使の部屋に怖れを吹きこむべきである」（XV）

この言葉には、二つのイメージがだぶっている。一つは、王家が地方にいる官僚たちにマアトを語るという意味で、この場合には、主人の部屋は王都にある宮廷をさし、召使の部屋は地方にある官僚たちの家をさす。もう一つは、宮廷の内部での、具体的な空間としての主人の部屋と召使の部屋との区別である。繰り返すまでもないが、このような家の空間的表現は、王家のばあいだけではなく、さまざまなレベルでの官吏の家にもあてはまるのである。のみならず、論語のなかの宰という官吏のばあいにも、その家に同じような特徴を見ることができる。

「子游、武城の宰たり。子の曰わく、女《なんじ》、人を得たりや。曰わく、澹台滅明《たんだいめつめい》なる者あり、行くに径《こみち》に由《よ》らず、公事に非《あら》ざれば未だ嘗《かつ》て偃《えん》の室に至らざるなり」（雍也一四）

子游は、武城の町の領主の家臣であるが、彼自身もエジプトの官吏と同様に滅明という側近をもつ。彼、滅明は、文脈からわかるように、その主人の子游に公私両面の関係をもつけれども、しかし公事でなければ子游の室に入ってこない。つまり私臣でありながら主人に対しみずから一線を画して、その身を律する。問題は「偃の室」（私の室）の意味である。江連隆氏は、

「役所内の長官の部屋ともとれるし、子游の私宅ととることもできる(9)」

と述べている。実際そのとおりなのであるが、しかしもう少し正確にいえば、子游の意識にはそのような区別そのものがなかったのではあるまいか。なぜならば、彼の室は、彼にとっても滅明にとっても公私一体の空間だったからで、ただ滅明の方はそれの公的な面を重んじて、ちょうどエジプトの官吏が控えの間で規律に従うように、子游に対して規律ある態度をとったのであろう。つまり滅明は、子游の家の成員であるが、子游に対して私的な、なれなれしい態度はとらなかった。

　さて、以上は、宰およびオリエントの官吏の性格をとくに家との関連で見てきたのであるが、最後にもう一度、この官吏の政治文化的な特徴について付言しておきたい。

　宰という言葉は、一般的な意味で官吏をさすが、エジプトでそれに対応する言葉は「監督官」（imy-r pr）であると思われる。この言葉は、特定の官職名ではなく、資料では中・下級官吏から王の宰相にまで使われ、その意味を直訳すると「家において口《くち》としてある者」となる(10)。文字の作りは宰と同じく「家《ペル》」を示す記号をもつが、辛ではなくて口《くち》の要素が中心におかれている。

　監督官だけではなくエジプトの官職名において口《くち》はしばしば重要な要素をなしている。宰相プタハヘテプはいくつかの肩書をもつが、そのなかに「全国土に平和をもたらす口」（r s̱hrr m tā r ḏr・f）（Pt.3）および「首都における口」（imy r niwt）（Pt.4）がある。ハトシェプスト女王の宰相は「両岸の国の女主人のために語る口」（r md n nbt tāwy）という肩書をもっている(11)。

　口《くち》は言葉を出す身体器官であるから、官僚社会において下に対する上の地位を象徴する。ただし正確にいえば「口《ラー》」や「言葉《メデト》」には命令という意味はない。おそらくその理由は、口《くち》の役割が上からの命令を伝えるにすぎず、王といえども、すでに見たように、国家秩序の根本にかかわる重要事項に関しては先祖・先王の言葉を伝えるにすぎないからである。

　メソポタミアにおいてはやや事情が異なる。アッカド語の「口《くち》」（pûm）・「言葉」（awātum）、「言う」（qabûm）という単語は、漢字の「君《くん》」のなかの口と同じく、命令（する）という意味をあわせもっている。それゆえ言語資料には、

　「あなたの口と言葉（命令）に従って、彼を行動させよ」（ša pīka u qa-bī-ka līpuš）（CAD, Q20）

という表現や、あるいは、

　「彼はわたしが言った言葉（命令）を執行しない」（amate ṣa aq-bu-ú la eppuš）（CAD, Q36）

というふうな用例があらわれる。

このように、エジプトおよびメソポタミアにおいては、やや強度がちがうけれども、「口《くち》」や「言葉」や「語る」という言葉は、官僚社会の政治文化的な特徴を示している。したがって当然に、前に見た「聞く」という行為も、それに対応する特徴を示すことになる。『ドゥアケティの教訓』のなかで、父親は書記学校に入学する息子に向かって、

「人は、書記を、その聞くことに応じて評価する。聞くことが活動をつくるからだ」(XXIX, C)

と、さとしている。論語においても、

「子路、聞くこと有りて、未だこれを行なうこと能《あた》わざれば、唯だ聞くこと有らんことを恐る」(公治長一四)

という子路を称賛する言葉がある。

日本語で「聞く」という語が、服従する、言われたことを行うの意味があるように、ヒエログリフの「聞く」(sḏm)も、またアッカド語の「聞く」(šemû)も同じ意味を合わせもっている(12)。こうした言葉の用法は日本人にとってなじみ深いが、しかしそれは自然な、どこでも見られる言葉使いなのではない。たとえばギリシア語の、「口《ストマ》」、「声《ポーネー》」、「言葉《ロゴス》」、「言う《フェーミ》」、「語る《レゴー》」など、いずれも命令(する)という意味はないし、「聞く《アクオ》」もきわめてまれな場合を除いて、従うという意味はなく、「従う」ということばは「説得する」の中・受動相で、直訳すれば自分を説得する、ないし説得されるであり、ちょうど言葉《ロゴス》が「理《ことわり》」でもあるように、「従う」ということばは「納得する」というニュアンスをもっている。

宰および古代オリエントの官吏は、ギリシアとは異なる独自な文化風土の上に立っている。彼は上に向かって耳を傾け、下に向かって口を開く。耳と口とは方向が違い、上から下に言葉(命令)を伝える。論語が、「子曰く」と語るとき、それは対話を求めているのではなく、ただ聞くことを求めている。しかしその孔子も「六十にして耳順《したがう》」(為政四)というほど聞くということを重んじた。おそらく古代オリエントの学校においても、同じような雰囲気がただよっていたのではあるまいか。

【注】

（1）LÄ, V, Schule, 742-3, LÄ, II, Erziehung, 24, LÄ, I, Ausbildung, 574.
（2）蜂屋邦夫『孔子』講談社現代新書、一九九七年、二一ページ。
（3）増淵龍夫「春秋戦国時代の社会と国家」岩波講座『世界歴史4』一九七〇年、一七四―五ページ。
（4）Lichtheim, 92.
（5）AHW, 1464-5.
（6）J. D. Schloen, The Patrimonial Household in the Kingdom of Ugarit, 1995, p.42.
（7）Pt.341, 347, Amenemhets. II d, e.
（8）Lichtheim, 130, 132, n. 4.
（9）江連隆『論語と孔子の辞典』大修館書店、一九九六年、三一九ページ。
（10）Gardiner, §79, 97.
（11）Lichtheim, 50.
（12）Faulkner, 259, CAD, ŠII 277-8.

二　家産制的福祉国家

官吏たちの組織は、君主と民との中間に位置し、家産制という性格をもつ国家においては、この三者が一つの家をつくるというイメージのなかにあるので、君主と官吏組織は民に対して、単なる無条件的支配者としてではなく、家成員の配慮者のごとくに対応する。あえていえば、この性格の国家は民に対して一種の福祉政策を行う。

「子、子産《しさん》を謂《い》わく、君子の道四つあり。其の己れを行なうや恭《きょう》、其の上《かみ》に事《つか》うるや敬、其の民を養うや恵《けい》、其の民を使うや

i w grt rd·n·i t n ḥḳr ḥnḳt n ib

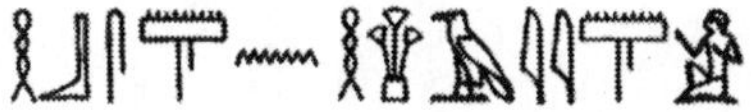

ḥ bs n ḥ3y

義」（公治長一六）

孔子学校において、子産は上《かみ》と民との中間に立つ官吏の模範だったのであろう。君主ではなく、子産に視野を絞るところに孔子学校の特徴がよくでているが、むろん「民を養う」というテーマは、君主および官吏に共通する課題だった。エジプトにおいても同様である。

アメンエムハト一世は、

「わたしは穀物を作り出した者であり、穀物神に愛された者である」（Amenemhets, XI a)

と語り、治水・潅漑《かんがい》社会における王の中心的な役割を誇っており、そして、

「わたしの治世において、飢えた者はなく、渇いた者もいなかった」（Amenemhets, XI c)

と述べ、福祉政策の成功を自賛している。

メソポタミアの王も、

「わたしは満ち足りたパンを、わたしの民に食べさせた」（AHW, 27)

という言葉を資料に残している。

けれども、「民を養う」というテーマは、エジプトでは子産の場合のように王よりも官僚の碑文に頻出してくる。

上記のヒエログリフは、左から右へ読み、「わたしは飢えた者にパンを、渇いた者にビールを、裸の者に衣服を与えた」という意味で、古代エジプトの全史を貫いて官僚の碑文にあらわれる。この言葉はすでに早くから定型文となっていて、実際にこのことが行われたか否かに関係なく、官僚たちはこの言葉を、しばしばその一部を、碑文のなかに書きこむのである。

メソポタミアにおいても「民を養う」というテーマは、王のみならず官僚の課題とされてお

り『知恵の勧め』には次のような言葉がある。

六一　パンを食べさせてやり、ビールを飲ませてやれ。
六二　求められたことを許可し、与え、重んじてやれ。
六三　このことに人の神は喜び、
六四　太陽神シャマシュは快く思い、恩恵をもって返すであろう。
六五　援助を行い、つねによき業《わざ》をなせ。

家産制国家は、王が国父というイメージをまとうが、それは王だけではなく、その下の官吏たちも、それぞれのレベルに応じ、管轄領域の民に対して父イメージでもって福祉政策の担い手となる。
ジェフウティという名のエジプト官吏の碑文には、
「わたしは年老いた者の息子であり、子供の父であり、すべての地域の貧しき者の保護者である。飢えた者を養い、手入れされぬ者の髪に油を塗り、裸の者に衣服を与えた」（Lichtheim 28）
とある。年老いた者や子供はいうまでもなく彼の親と子をさすのではなく民のなかの援助を必要とする老人と子供である。資料は、「民を養う」というテーマについて多くを語り、
「わたしは疲れた者たちの父だった」（Lichtheim, 86）
とか、あるいは、
「わたしは孤児に家を与えた」（Lichtheim, 21）
とか、あるいは、
「わたしは孤児のための日影、やもめに対する救助者」（Otto, Inschrift 17, S.152）
など、父的イメージの官僚像を多く提出している。これらの資料は、現実そのものよりも、エジプト官吏のあるべ

き姿を語っている面が強いけれども、なかにはリアリティーを強く感じさせるものもある。

ペルシア王カンビセスがエジプトに進軍し、支配した時、やがて彼に仕えることになったエジプトの大神官は、その碑文において、

「わたしはその父に尊敬され、その母に称賛された者である。わたしは墓地を持たぬ者に良き墓地を備えた。わたしは彼らの子供を養った。わたしは彼らの家々を存続させた。この国に大きな不幸が襲ってきた時、この地方に不幸が生じたので、わたしは、父がその息子になすがごとくに、彼らに必要なすべてのことを行なった」（Otto, Inschrift 30, S.172）

と回想している。

このように、エジプトの家産制的官吏は、父が子を慈しむように、その民に臨む。あるいはそうあることを建て前とする。しかし彼は、「その上《かみ》に事《つか》うるや敬」という子産のばあいと同じく、上に仕える者でもある。先ほど引用した官吏ジェフウティは、

「わたしはその主人の望むことを行なった」（Lichtheim, 28）

という言葉でその碑文を結んでいる。それは彼に限らず、

「わたしは弱者の所有を保護し、彼らに、彼らの主人への尊敬を与えた」（Otto, Inshrift 2, S.133）

というような言葉もしばしばあらわれる。むろんそれは、いわば中間管理職としての官吏の立場から当然の発言ではある。けれども、すでに見たようにエジプト官僚社会における公認された愛の観念は、下から上に向かうのであるから、官吏が父のごとく民を配慮するといっても、その心がどこまでのものなのか、彼の視線がたえず上に向けられているのではないか、疑わしい。『プタハヘテプの教訓』は、民の扶養を、支配政策の一環として考えている。

四八一　汝の生きている限り、穏やかな顔を持て。

四八二　穀物倉庫から出たものは（そこに）戻ってはならない。
四八三　それは飢えた者に配分されるべきパンである。
四八四　その腹が空《から》な者は告発者（⌞1反逆者）となる。
四八五　反逆する者は憎しみをひき起こす者となる。
四八六　彼を汝の身近な者としてはならぬ。

このように、民を養うというテーマには、単なる慈愛ではなくて、飢餓暴動や反逆を阻止するという政治的考慮もまとわりついている。『メリカラー王への教訓』は言う。

「租税と貢納を携えて汝のもとに来る南の地域にも、良好であれ。わたしは祖先と同じように振舞った。南の地域に穀物がないとき、わたしは与えた。彼らが汝に対して弱いとき、親切であれ。人は汝のパンとビールで満足する」（XXVIII）

数少ない資料から確かなことは言えないが、民の扶養がこうした政治的考慮のなかに位置づけられている場合、エジプト家産制的官吏の民に対する慈愛なるものは、時には空無《くうむ》化して建て前だけのものに落ちる可能性が強かったのではあるまいか。現実の問題として、飢えた者のための国家倉庫はむろん民からの「租税と貢納」によって満たされねばならないが、たとえば第二六王朝の国庫長官が、

「わたしはコンタメンティの神殿を食料でもって養った。わたしはその収入を増大させ、日々の必要を定めた。わたしはその倉庫を男女の奴隷によって管理した」（Otto, Inschriht 27, S.165)

と述べているように、エジプトの官吏は民からの強制徴収にたいして、ためらいをもたない。少なくとも、「其の上に事うるや敬、其の民を養なうや恵」という上と下の関係のなかで、時には官吏の陥るかもしれぬ心の葛藤を、エジプトの資料は何も語ってはいない。

この点、孔子学派の精神的雰囲気は大きな違いを見せる。論語には次のような報告がある。

「魯人《ろひと》、長府《ちょうふ》を為《つく》る。閔子騫《びんしけん》が曰わく、旧貫に仍《よ》らば、これを如何《いかん》、何ぞ必ずしも改め作らん。子のいわく、夫《か》の人は言わず。言えば必ず中《あた》ること有り」（先進一四）

長府は君主の財産貯蔵庫である。徂徠によれば、財貨の収入が常年を越えて倍増したので、別棟が建てられた。閔子騫の反応の仕方から見て、おそらく徂徠の言うとおりで、長府の建造の背景には、徴税の増大があったにちがいない。閔子騫はそのことに反対し、孔子もまた彼に賛意を示す。孔子学校が子産を理想として立てたとき、「其の民を養うや恵」という姿勢を、単なる建て前ではなく十分な重みで受けとめていたのである。こうした解釈を裏づけるかのような論語の別の言葉もある。

「哀公、有若《ゆうじゃく》に問いて曰《い》わく、年饑《う》えて用足らず、これを如何《いかん》。有若対《こた》えて曰わく、盍《な》んぞ徹《てつ》せざるや。曰わく、二にして吾れ猶《な》お足らず、これを如何ぞ徹せんや。対えていわく、百姓《ひゃくせい》足らば、君孰《たれ》と与《とも》に足らざらん。百姓足らずんば、きみ孰と与に足らん」（顔淵九）

哀公は魯国の君主であるが、すでに実権を失って貧しい。先ほどの「魯人《ろひと》」の場合と異なる。凶作の年、これまでの蓄《たくわ》えも十分ではなく必要な費用をまかなうことができない。おそらく税率を上《あ》げる意図で有若、つまり後《のち》の有子に相談する。すると彼は、現在の税率である収穫の十分の二を、徹《てつ》すなわち十分の一に削減することを勧めるのである。

君主と民とのはざ間にあって、有若は一方的に君主の意向に従うことなく、君民の一体性をどこまでも守ろうとする。つまり彼は、君と民とをつつむ拡大された家の要《かなめ》たろうとする。孔子学校は、この家産制的官吏の理念を強く打ち出していく。ところが、しかし、孔子学校はまた「忠信を主として」君主に仕える官吏の養成学校である。当然、閔子騫や有若とは異なる弟子もあらわれる。

「季氏《きし》、周公より富めり。而して求《きゅう》やこれが為めに聚斂《しゅうれん》してこれを付益す。子の曰わく、吾が徒《と》に非《あら》ざるなり。小子《しょうし》、鼓《こ》を鳴らしてこれを攻めて可《か》なり」(先進一七)

季氏は魯国の卿《けい》の地位にあるが、実権を握り、主家よりも富んでいた。周公とは、その主家の祖である。仁斎は、記録者が当時の君主の名を出すことをあえて控えたのだ、と、興味深い指摘を行っている。が、それはともかく、当時、季氏の宰の地位にあった冉求《ぜんきゅう》は、その主人への忠誠ゆえに、エジプトの官吏のごとくに、厳しく税をとりたてたので、孔子によって、吾が徒に非ざるなり、と拒絶される。孔子の眼からするならば、冉求は君と民との間にあって一方に偏り、忠あれども仁なし、といった姿に映ったのであろう。

なお、津田は右の記事に関して、『孟子』のなかに類似の言葉があることから、論語の言葉がそれ以後に書かれたことを推測しているが(一六二―三ページ)、しかしこれまで見た閔子騫、有若、そしてこの冉求の、租税にかかわる記事は、当時の時代状況によく合致しているように思われ、おそらく史実にさかのぼる記録だろう。考古学的な調査報告によれば、

「春秋時代になると王室と大臣の礼器は殆ど発見されず、代わって現れたのが、列国の諸侯、卿大夫、甚だしくは卿大夫の家臣が鋳造したものである(1)」

という。

権力の下降とともに富の担い手も下降する。哀公は貧しく季氏は富む。その富は税収にもとづき、徴税の責任者は宰という官吏である。孔子の弟子たちは宰となって、あるいは有若のように、あるいは冉求のように振る舞う。が、

孔子その人の立場は明白である。

さて、以上は「民を養う」というテーマについて見てきたのであるが、最後に、広い意味での家産制的官吏の福祉政策として、裁判ないし訴訟という事柄に触れておきたい。当然のことではあるが、古代オリエントにおいても、裁判の公正さが最重要視される。念のために『プタハヘテプの教訓』を引いておこう。

四一五　もし汝が裁判官の子であって、
四一六　大衆を鎮《しず》める役割をもつのであれば、
四一七　裁判の公平を守れ。
四一八　汝が語る時、心を一方に置くな。
四一九　他方が次のようにその意見を語らぬように注意せよ。
四二〇　高官たちは一方の側に言葉を与える、と。
四二一　だから判決には十分に注意せよ。

いつの時代いかなる社会においても、裁判の公平は要求されるけれども、古代オリエントにおいてはそれは一種の福祉政策としての性格を帯びる。メソポタミアの教訓文学には「教訓的な賛歌」とよばれるジャンルがあるが、その一つ、『太陽神賛歌』には次のような言葉がある(2)。

九九　贈り物を断わり、弱き者の側に立つ者、
一〇〇　それを太陽神《シャマシュ》は喜び、その者の命を永くする。
一〇一　正しい判決を行なう慎重な裁判官、

一〇二　彼は宮廷を指揮し、高官たちの間で生きる。

裁判の公平といっても、形式的な平等原理が主張されているのではなく、実質的な平等つまり弱者の保護が念頭におかれているのである。同じ『太陽神賛歌』（一三二一四行）には、弱者なる者の一覧表があらわれる。「低き者」（dunnamû）は、地位が低く正当な裁きを受けられない。「弱き者」（u-la-lu）は、辞書では「非・人間」とさえ訳される者であり、「無力な者」（en-šŭ）は保護者を持たず地位が低く弱い。「貧しき者」（hùbbulu）は債務で没落した者であり、「欠けたる者」（muškēnu）は貧しき庶民である。それ以外にも、家を失った子供、戦争で息子を失くした母。

すべてこうした人々は、社会のなかで抑圧され、裁きの場に出られぬことも多く、出てもしばしば不当に取り扱かわれる。それゆえに太陽神シャマシュは裁判官となる官吏たちに正しい裁きを厳命する。なにが正しい裁きなのか、それは対等な諸個人の訴訟のばあいとは異なる。

論語においても裁判は、記事こそ少ないが重要なテーマである。ただし古代オリエントの場合とは力点がちがう。

「子の曰わく、訟《うったえ》を聴くは、吾れ猶《な》お人のごときなり。必ずや訴え無からしめんか」（顔淵一三）

燃えるように激しい孔子の理想主義である。もはや裁判の公平や正しさを越えて、訴訟そのものをなくそうと言う。古代オリエントとのこの違いはどこから出てくるのだろうか。津田左右吉先生であれば、孔子の世界は魯国のごとき小世界であり、だから訴訟そのものをなくすというような理想が現実性を帯びて現れえるが、バビロン、アッシリア、エジプト、いずれも世界帝国をめざす大規模な国家においては、そのような理想が現れようがなかった、と言うかもしれない。いずれにしても、孔子は、国を家と重ね合わせてイメージするのだから、それを凝縮するならば、争いなき、訴訟なき、一家のごとき国という理想が現れてもふしぎではない。それはすばらしい理想である。が、問題がないわけではない。官吏ないし支配者がこのような理想を掲げたならば、民の間に争いがあったとき、民はそれを公的な場で処理することができない。争いは私的な空間では陰湿な形をとってはびこるかもしれない。

「子の曰わく、片言《へんげん》以て獄《うった》えを折《さだ》むべき者は其れ由《ゆう》なるか」（顔淵一二）

孔子は、一言《ひとこと》を聞いただけで判決できるのは由ぐらいだ、と言って子路を称賛する。しかしここには思想としての問題性がはらまれている。すなわち、合理的な裁判、公正な結論に至るための訴訟手続や審議、そうしたものが孔子学派のなかから生まれてはこない。

【注】
（1）李学勤、五井直弘訳『春秋戦国時代の歴史と文物』研文出版、一九九一年、七四ページ。
（2）**BWL, 121-138.**

三　家産制的労役国家

古代オリエントの諸国家は、論語の表象する国家と同じように、「民を養う」福祉国家的性格と同時に、「民を使う」労役国家的性格をもっている。後者の点は、古代文明が大河の治水によって成立したことからすれば、当然のことである。

よく知られているように、エジプトでは、ナイル河の増水期に、民衆を動員して潅漑《かんがい》水路の建設や補修が行われた。また王の命令によって新耕地の開発もなされた。第一二王朝はカイロ南西一一〇キロのファイユム低地を干拓して一大穀倉地帯を作り出している。王権と官僚制は、「民を使う」ことによって、民の生活基盤である農地そのものを作り、その上でまた、宮殿、神殿、王墓などの造営も行う。そして、そのための採鉱や採石などのため、強制徴募による遠征隊や軍隊を組織したりもした。ある研究者は、こうした労役体制が古王国時代のピラミッド建設から紀元後十九世紀に至るまで、エジプトの生活に濃い影を落としていると述べている(1)。が、ともかく、労役国家という点では、古代メソポタミアにおいても事情は同じである(2)。また論語のなかにも、潅漑水路のために力を尽くした古代の聖王禹《う》をたたえる言葉がある(泰伯二一)。

論語においては、労役の担い手は必ず「民」の語が用いられる。これまでにも、子産を評することば「其の民を使うや義」(公治長一六)、あるいは、「民を使うに時を以てす」(学而五)、「民を使うには大祭に承《つか》えまつるが如くす」(顔淵二)などの表現に出会ってきた。これに対して、民を使う側、支配層は、以前紹介したことのある趙紀彬によれば「人」の語が用いられる。たとえば彼は、

「哀公、社を宰我に問う。宰我、対《こた》えて曰わく、夏后氏《かこう》は松を以てし、殷人《いんひと》は柏《はく》を以てし、周人《ひと》は栗《りつ》を以てす。曰わく、民をして戦慄《せんりつ》せしむるなり」(八佾二一)

などの表現から、人と民とを身分的な対立概念としてとらえる。先ほどの「魯人《ろひと》、長府を為《つく》る」(先進一四)も同一の用法で、趙のいう意味だと思われる。しかし、論語は人という語をそれほど確定的に使っているわけでもない。たとえば、

「子の曰わく、上《かみ》、礼を好めば、則ち民《たみ》使い易《やす》し」(憲問四三)

というふうに人のかわりに上《かみ》を使う場合もあるし、さらに、

「厩《うまや》焚《や》けたり、子、朝《ちょう》より退きて曰わく、人を傷《そこな》えりや。馬を問わず」（郷党一三）

という場合、「人」は動物と区別される一般的な意味での人間であり、しかも朝廷に属すとは限らない人々である。最初にその言葉を聞いた者、後《のち》にその言葉を伝えた者たちは、今ふうにいえば、孔子のヒューマニズムに大きな印象を受けたのであろうが、孔子はそのようにも人という言葉を使ったのである。

人と民という言葉の身分的な用法に関して、アッカド語はやや平行的な事例を提供している。アッカド語の「人」（awīlum）は、神および動物と区別される存在としての人間一般をさすが、それはまた、男子の敬称としても用いられ、

「人として振舞い、汝の父の教えを守れ」（lu a-wi-lá-tì-ma ana têrti abika iḫidma）（CAD, AII 55）

というふうな用法では、人は身分あるジェントルマンを意味し、論語のなかの君子という言葉に近い。この意味あいの人という言葉は官吏の固有名詞の前にしばしばおかれる。それに対して、「民」（nišū）は集合名詞で、人々を意味するけれども、時には、奉公人ないし下男下女の意味でも使われる（AHW 796-7)。

言葉の用法のみでは、はっきりしたことは何もいえない。論語において、民は労役の担い手であり、また、家イメージの国家の成員でもあるので、人と民とは区別されつつも特に人の語の用い方に漠然とした色調を帯びてくる。いずれにしても、古代の家産制国家においては、民は福祉政策の対象であり、かつ労役の担い手でもあるので、その存在には微妙な、揺らいだ観念がまとわりつくことになる。そうした観念を具体的に検出する素材として、メソポタミアにはいくつかの神話がある。神話的世界像のなかで、その観念は拡大してあらわれる。論語から離れるけれども、一瞥《いちべつ》を加えてみよう。

『天地創造物語《エヌマ・エリシュ》』は、内容から見ると、天地の創造よりも人間の創造をテーマにしている。驚くべきことに、ここでは、人間は神々の労役を代わりに担う者として創造される。粘土板《タブレット》Ⅵには、神々の闘争のなかで、ついに勝利して主神の地位についたマルドックが、次のように語る個所がある(3)。

五　わたしは血を集め、骨を創ろう。
六　人類を生起させ、その名を人間（a-me-lu）としよう。
七　わたしは人類つまり人間を創造しよう。
八　神々の負う労役（dul-lu）が彼らに課せられ、神々は安らかになるだろう。

主神となったマルドックの意図によって、彼に従う「偉大なイギギの神々」は、敵の神々の指導者を殺し、その血によって、人間を創る。そして、主神マルドックと「偉大なイギギの神々」との中間の地位に立つ神エアが、「神々の労役免除」を宣言する。こうして、人間が神々の代わりに苦しい労役を担うことになったが、しかし物語の進行のなかで、「人間」は、数が少ないためか能力が欠けているためかはっきり語られてはいないが、結局、その仕事を十分には果たすことができず、アヌンナキとよばれる「すべての神々」が、一年をかけて煉瓦を作り、二年目から神殿と塔ジクラットを築きあげることになる。

詳細な検討を今は行うことができないので、結論のみを記せば、ここにはメソポタミアにおける家産制的労役国家の特徴が、神話的に投射されて表現されているように思われる。万神殿《パンテオン》のなかの主神マルドックは、地上における君主に対応する。その意図を実行する「偉大なイギギの神々」は、官僚層にあたるであろうし、彼らの上にたち、主神のスポークスマンの役割を果たす神エアはおそらく宰相にあたるであろう。

問題は、アヌンナキとよばれる「すべての神々」であるが、彼らは神々として万神殿の中に居住するけれども、労役の担い手である。だから彼らは論語の言葉を使えば民に相当する。それに対して「人間《アメル》」は、敵の神々の指導者の血によって創られるのであるから、戦争捕虜や強制移住による捕囚民であろう。すなわち、この神話の意図は、血を異にする他民族を戦争によって捕縛《ほばく》し、みずからの民を労役から解放しようとする点にある。そしてバビロンやアッシリアの民は、政治的な無権利状態にあり労役を課せられてきたけれども、しかし彼らは家イメージのなかの国家成員であり、それゆえに、神話的影像のなかに描かれる場合、主神や「偉大なイギギの神々」の下の「すべての神々」と呼ばれるのである。反対に、血を異にし労役を担う他民族の者たちは、その神々に対して「人間」と名づけられる。メソポタミアにおいては、民の労役解放という福祉政策を行おうとするとき、他民族に対して、「家」の外の者に対して、種的な差別を引き起こしていく。メソポタミアの古い諺《ことわざ》に次のようなものがある。

「元気な馬がめすのロバと交尾したとき、彼は彼女の耳にささやいた、おまえの産むラバを私のような早い走り手にして、労役（tup-šik-ki）を担うロバのようにはしてくれるな、と」（BWL, 218）

神々と人間との違いは、馬とロバとの違いでもある。バビロンおよびアッシリアの「民」が神話の世界から地上に降りてきて「人間」となるとき、労役に服する他民族の者の「人間」性はきわめて危険な状態におかれることになるだろう。

エジプトの場合はどうだろうか。

エジプトは、南から北へ、長く蛇行するナイル河に沿った「両岸の国」であり、緑の帯状の農地の外は褐色の荒野や白い砂漠で守られていたから、メソポタミアの場合ほど軍事国家的性格が強かったわけではない。それゆえ、人間創造の物語においても色調は異なる。

「神の家畜①である人間の世話をせよ。神は天地を彼らのために創った。彼は水の渇望をはねつけた。彼は彼らの鼻のために生命の息を創った。神の体から現われた人間はその似姿②なのである。神は彼らのために天に昇り、彼らを養うために草木や家畜③、鳥や魚を創った。神は彼らが反逆を起こそうと考えた時、その敵を殺し、その子供を滅ぼした」（Merikare, XLVI）

【訳注】

① āut,「羊と山羊、動物、群れ」(Budge 114)
② snn, 'likeness, image, figure'(Faukner, 232, Budge 675)
③ āut

神という言葉には、天地を創り天に昇る太陽神ラーと、「水の渇望」(ナイル川の氾濫)をはねつけ反逆者を殺す王とが、重ね合わされている。

人間は、そうしたイメージの神に対して、一方では「神の家畜《アウト》」であるが、他方では「神の似姿《セネネウ》」でもあり、その下に動物としての「家畜《アウト》」がいる。メソポタミアの神話とは違って、神・王は反逆者を殺すけれども、その血によって労役の担い手としての人間を創造するわけではない。

右の文章は、「民を養う」というテーマのもとで書かれているが、そこにおける人間を「民を使う」というテーマの下におくとどうなるのだろうか。おそらく、人間が神・王の家畜でもあり似姿でもある、という両面性ゆえに、人間を使役する官僚の意識は揺れ動いて現れるはずである。

一方で、「民を使うや義」という子産の態度が、エジプトの官僚にも見ることができる。古王国時代から末期王朝時代に至るまで、たとえば王墓建設のための労役者が、過重な労働を強制されず十分な支給を受けているというふうな報告や、あるいは、すべての労役者が「喜んで」働き十分な支払いを得ている、というような報告が数多く残されている(4)。また官僚たちの碑文には、

「わたしは過剰な仕事を課さなかったし、わたしのために働く者を抑圧しなかった」(Lichtheim, 117-8)

とか、あるいは、

「わたしはわたしが決めた仕事量を、朝になって増やすようなことはしなかった」(Lichtheim, 126)

というような言葉がしばしば見られる。

他方で、しかし、次のような碑文もある。


「わたしは病人の世話をし、死者を葬り、困窮者に必要なものを与える者である。

わたしは王家において二番目に勇敢な者で、強い性格ゆえに派遣された者である。

わたしは北部の大麦の計算に関し、二倍の倉庫の監督官だった。

わたしは数千を越える人びとの監督官だった。

わたしは牛の監督官、山羊の監督官、ロバの監督官、羊の監督官、豚の監督官だった(5)」


この官僚は、定型文を使って、みずからを福祉国家の担い手として描くが、監督官という立場においては、人間を他の家畜と無雑作にならべていくのであり、彼にとっては人間もまた労役の担い手として王の財産にすぎないのである。彼の視線は上に向けられており、彼の下にある人間は物化の危険にさらされている。

以上、簡単ではあるが、古代オリエントにおける「民を使う」というテーマに一瞥《いちべつ》を加えてみた。このテーマに関して、孔子学派はどのような特徴を持つのだろうか、

「子路、子羔《しこう》をして費《ひ》の宰《さい》たらしむ。子の曰わく、夫《か》の人の子《こ》を賊《そこな》わん。子路が曰わく、民人《たみひと》あり、社稷《しゃしょく》あり、何ぞ必らずしも書を読みて然《しか》る後《のち》に学と為さん」（先進二五）

孔子学派においても、労役という点に関しては、民と人との区別があるけれども、しかし、彼らにとって社稷つまり祭儀の場は、この区別を正当化する神話像の形成の場ではなかったし、また当時、そのような神話があったにしても、それを取り入れた痕跡は一切ない。むしろ彼らは、そうした神話的世界に足を踏み入れることを意識的に拒否し

て、ただひたすら、「民を使うや義」、「民を使うには大祭に承《つか》えまつるが如くす」という姿勢を貫こうとした。「民を使うに時を以てす」という言葉も、それだけを見れば、あたりまえのことでありエジプトにおいても通用する言葉であるけれども、しかし孔子の時代は、「都城と並ぶ大城が諸侯以外の卿大夫《けいたいふ》という臣下によって築かれた」時代であり、軍事的必要からの築城であるから、「必ずしも農閑期の冬期築城工事が行われたとは限らない(6)」。そして築城は一つの例にすぎない。したがって孔子学派にとって、「其の上《かみ》に事《つか》うるや敬」と「其の民を使うや義」とは、時には緊張をはらんだ状況を生み出したであろうが、これまで見てきたことから推測するならば、その緊張状況をどこまでも耐え忍ぼうとしたのであろう。

【注】

（1）ジャケッタ・ホークス『古代文明史2』みすず書房、一九八〇年、一四六ページ。
（2）屋形禎亮編『古代オリエント』有斐閣新書、一九八〇年、参照。
（3）引用の原文は、J. N. Lawson, The Concept of Fate in Ancient Mesopotamia of the First Millennium, 1994, P.49. によった。
（4）Otto, S. 97.
（5）M. Lichtheim, Ancient Egyptian Autobiographies thiefly of the Middle Kingdom, 1988, P.104.
（6）杉本憲司『中国古代を掘る』中公新書、一九八六年、一二四、一三四ページ。

四　家産制的身分変動

中国山東省曲阜《きょくふ》、そこはかつて周王朝の時代、孔子の生きた魯国の都があった場所であるが、そこには、当時、貴族の子弟を教育した泮宮《はんきゅう》とよばれる学校の遺址《いし》があり、今では古泮池《こはんち》という名の公園になっているという(1)。孔子学校は、宰という官吏を育成したが、明らかに泮宮ではなく、学生のなかには出自・家柄においてあまり芳しいとはいえぬ者もいた。

「子、仲弓を謂《い》いて曰わく、犂牛《りぎゅう》の子《こ》、騂《あか》くして且《か》つ角《つの》あらば、用うること勿《な》からんと欲すと雖《いえ》ども、山川其《そ》れを捨てんや」（擁也六）

論語には、「鄹人《すうひと》の子《こ》」（八佾一五）、「夫《か》の人《ひと》の子《こ》」（先進二五）など、人の子という表現があり、それは敬意をあらわすのだろうが、それに対して仲弓はいま「犂牛の子」とたとえられる。つまり彼の家柄は悪い。けれども孔子は、赤い毛なみで良い角《つの》をもつならば、人格と能力が優れているならば、必ずや抜擢され登用されるであろうと励ますのである。

出自に恵まれず、しかも学問に時を費やすとなれば、当然、貧しさに襲われる。

「子の曰わく、賢なるかな回や。一箪《たん》の食《し》、一瓢《ぴょう》の飲《いん》、陋巷《ろうこう》に在り。人は其の憂《うれ》いに堪《た》えず、回や其のたのしみを改めず。賢なるかな回や」（擁也一一）

津田は『孟子』のなかの、「孔子賢之」という顔回をほめる言葉があることから、右の文が後代の作成になる可能性を考えているが（一六二ページ）、後代の作者が事実に反してまで顔回を貧しく描く必然性を感じないから、そのまま受け容れた方がよさそうである。

孔子が仲弓を励ましたり、顔回を称賛したりするのは、彼らが立派な学生だったからであるが、それと同時に、彼らと同じような境遇の学生たちが多かったからにちがいない。それゆえに、孔子学校は一種の生活共同体的な性格をもっている。

「子華《しか》、斉《せい》に使いす。冉《ぜん》子、其の母の為めに粟《ぞく》を請う。子の曰わく、これに釜《ふ》を与えよ。益《ま》さんことを請う。曰わく、これに庾《ゆ》を与えよ。冉子、これに粟五秉《へい》を与う。子の曰わく、赤の斉に適《ゆ》くや、肥馬に乗りて軽裘《きゅう》を衣《き》たり。吾れこれを聞く、君子は急を周《すく》うて富めるに継がずと」（擁也四）

おそらく冉求が、過去を回想して、その弟子たちに伝えた言葉であろう。

孔子学校には、身分の低い者や貧しい者がいた。彼らは助けあって学問に励み、仕官を志す。実際、冉求も季氏の宰となっている。

すなわち問題は、孔子学校は泮宮ではなく、また国家官庁附属の教育施設でもなく、いわば庶民の私学にすぎないにもかかわらず、なぜ官吏養成学校として存在できたのか、ということである。なるほど今の感覚からすれば、大学入試にせよ公務員採用試験にせよ、おおよそ家柄とか貧富とかは問題にはならないのだから、仲弓を励まし、顔回を称賛する孔子の言葉はナチュラルに響く。けれども紀元前五、六世紀の孔子時代は、遠い昔である。なぜ身分や貧富にかかわらず仕官できたのか。もちろん官吏への需要があったからである。ではその需要の性格はどういうものだったのだろうか。単なる人手不足というのではなく、あえて庶民の私学から、仲弓のごとき人材を抜擢する背景には、何か積極的な理由があったのだろうか。なぜ孔子は仲弓に対して、「山川其れを捨てんや」と確信に満ちた言葉で評することができたのか、実際また彼が仕官できたのはなぜか。彼が優秀だったというだけでは十分な説明にはならない。エジプトの場合を参考にしてみよう。

　エジプト中王国第一二王朝初頭に、『ドゥアケティの教訓』という作品が成立している。他の教訓文学と比較して、この作品の特徴は、書記（官吏）の生活規範を教えるというよりも、書記という職業が他の職業に比べていかにすばらしいかを語る点にある。そして、そのために本文の大半は、書記以外の他のさまざまな職業の欠陥を指摘することに費やされている。

　金属細工師、木こり、宝石細工師、床屋、葦《あし》細工師、陶工、左官、大工、庭師、農夫、織物工、矢じり作り、隊商、火夫、履《はき》物作り、洗濯屋、鳥取り、漁師。

　これらの仕事は、重く苦しく、あるいは不潔で不健康、あるいは貧しく危険である。一言でいえば悲惨である。それに比べて書記という職業・地位はすばらしい。

　こういう内容のため、かつて、この作品が一種の風刺文学とみなされたこともあったが、今ではもっと正確な規定が与えられている。すなわち、『ドゥアケティの教訓』は、庶民の子弟に対して、他の職業ではなく書記という職業に就《つ》くことを勧める政治的パンフレットなのである。

「都でなんらかの地位にある書記は、そこで困窮することはない」（Cheti, IIe）

　第一二王朝は、地方の富裕な庶民の子弟に対して、王都の学校に入学し、書記という境涯に入ることを誘う。その理由は二つある。一つは、第一中間期に解体した中央集権的な官僚機構を再建するために、大量の官吏を養成する必要があったからである。もう一つは、王朝成立期には特権的な世襲貴族が多く存在していたが、これに対して王権はみずからに忠誠を尽くす庶民出身の官吏を養成して、世襲門閥の権力的な独立性を打破しようとしたからである(2)。

地方の子弟を王都で教育し、やがて王の官吏として地方へ派遣したのである。

第一二王朝のこうした権力政策は、スケールこそは異なるが、孔子学校から人材を登用する都市君主や実権者たちについても共通する面があるだろう。彼らは、おそらく、私学たる孔子学校から、しかも家柄や出自を問わないで、みずからにのみ忠誠を尽くす信頼できる官吏を採用し、世襲的・特権的な地位をもつ家臣の自立化を阻止しようとしたのであろう。下克上の時代において、こうした課題は急を要したにちがいない。

一見、民主的に見える「庶民」からの官吏登用も、内側からみれば、家産制的な君主による、力ある家臣に対する、権力闘争という性格をもっていた。このことは古代オリエントの官僚社会において深刻な問題をひき起こすことになる。これまでは、官吏が福祉および労役の両面でいかに民に臨んだかという点を見てきたが、今度は以上の問題について官吏社会の内部に立ち入ってみることにしたい。

先ずエジプト官僚社会について。

宰相プタハヘテプは、一つの不思議な肩書きをもっている。それは「神の父」(it-ntr) というもので、内容は定かではないが、一説によれば王子の教育官をさすらしい(3)。そして、その呼称から推測すれば、彼は王家一族の出身であったように思われる。彼が年老いてその地位から退くとき、彼は王に対して、

「この召使《バアク》に老年の杖を作ることを命じられますように、わが地位にわが息子が置かれますように」(Pt. 28, 29L2)と願い出る。そして王はそれを許可する。つまり官職は、古王国時代、事実上は世襲であったけれども、原理的には王の裁量の範囲のなかにある。それはちょうど、中国西周時代の「策命《さくめい》」の儀式に対応する。王家の分家にあたる諸侯は、その地位の相続に関して、王による裁可と策命という叙任文書の授与とを必要とした(4)。

王による官職叙任権が、形式的にすぎないのか、それとも実質的なのかは、その時々の権力状況によるだろう。旧約聖書創世記のなかのヨセフ物語は、エジプト人に奴隷として売られたヨセフが、王の寵愛を得て、ついに宰相の地位につく出世物語であるが、それは異国について無知な作者のファンタジーではなく、むしろイスラエルとは異なる

エジプト官僚社会の昇進ルートの認識にもとづいているのである。

こうした地位や身分の変動は、当然、官僚社会内部に時には深刻な波及効果をおよぼすことになる。誰もがヨセフのようにうまくいくわけではなく、反対に、彼の背後には、宰相の地位を失った者がいる。それゆえに『プタハヘテプの教訓』は次のように警告する。

一七五　もし汝が弱く（貧しくL2）、高貴な者①に従う者であり、
一七六　（彼の）状況②が神（王）に対して良くあれば、
一七七　たとえ彼が以前、卑しい身分であることを汝が知っていたとしても、
一七八　彼に対して汝の心を高めてはならぬ、
一七九　以前の彼を、汝が知っているからといって。
一八〇　彼の身に生じたことゆえに、彼を尊敬せよ。
一八一　富はひとりでに来るのではない。
一八二　これはそれを望む者の掟である。
一八三　彼の豊かさに関しては、彼に尊敬があるべきだが、
一八四　彼を高貴な（豊かな）者①にしたのは神（王）であり、
一八五　彼が眠る時にも彼を守る。

【訳注】

① 「高貴な」（iḳr）の語は、人にも物にも使われ、人間の場合には、身分の高さ、経済的豊かさ、道徳的卓越性など、区別なく使われる。Faulkner, 31-2. つまりエジプトでは、地位・富・道徳が未分化であり、このことは、弱さ、貧しさ、地位の低さにもいえる。

② 写本L2による。

右の文は、卑しい身分の者が突然昇進して、自分の上司の地位についた時の心構えであるが、事柄の性格上、逆のケースについての警告もある。

四二八　もし汝が、以前は低き者であったが、今は高き者であり、
四二九　以前は貧しかったが、今は富をなすのであれば、
四三一　そして汝の知る町において、
四三二　以前、汝に生じたことと反対になるならば、
四三三　汝の豊かさをあてにしてはならない。
四三四　神（王）に与えられて汝に生じたことだからである。
四三五　汝の等しき者の後に置かれぬように。
四三六　同じことが彼にも生じる（かもしれない）。

王の寵愛、いいかえれば王の恣意によって、官僚の地位は変動するが、それが王の場合に限られず、あの、家々のヒエラルキーという社会の仕組みゆえに、それぞれの地位のレベルにおいても、家長の立場にある者の寵愛ないし恣意がその部下の身分を変動させる。中・下級官吏の育成を想定する『アニの教訓』は、
「宝庫長官はいかなる息子ももたない。公印管理者はいかなる相続者ももたない。高官たちは書記をその手において評価する。官職は子供をもたない」（20, 5-6）
と述べている。上から下まで、官職の自動的な世襲は拒否され、代わりに「その手」つまり働きに対する評価が書記の地位を決める。同様の表現は『メリカラー王への教訓』においても現れ、
「人の息子《ス》と庶民《ネジエス》の息子とを分け隔てするな。その両手にしたがって、人を得よ」（XXII）
と、ある。「手」あるいは「両手」は、いわば家産制的メリット・システムを表現する。家産制的という意味は、

第一に、仕事それじたいへの能力や努力だけではなく、むしろ時にはそれとは関係なく、上への忠誠と服従が問題とされるからであり、第二に、「庶民」の尊重の背後に、事実上、「人」（貴族）との対抗意図がひそんでいるからである。

エジプトの官僚社会においては、極端に言えば、地位の変動はすべて上に気にいられるか否かにかかっており、したがって個々の官吏にとってそれは「生じたこと《ケペレト》」、偶然ないし運・不運の問題となる。世襲的な貴族といえども、この、彼にとっての、不条理を回避することはできない。こうした社会の内部において、いかなる問題が生じるか、想像は難しくない。上への迎合、同僚への中傷、嫉妬、軽蔑、嘲笑、さまざまな形での陰湿な争いが背後世界で繰広げられていくことになるだろう。

むろん、『教訓』文学は、こうした動向を封じようとして警告するのであり、病理それじたいを報告するわけではない。警告から、その裏面にある暗い現実を推測できるにすぎないのであるが、しかし例外的に、この点を直接的に証言すると思われる文書が残されている。それはエジプトのものではなくメソポタミアのもので、カッシート時代に編纂され、前七世紀にはすでにバビロンで古典の位置を占めていた『われ知恵の主を賛美する』（Ludlul bēl nēmeqi）（BWL, 21-62）である。内容は神義論の形をとっており、罪なき義人の苦難が独白の形式で語られる。この語り手は、旧約聖書ヨブ記になぞらえて、しばしばバビロンのヨブと呼ばれる。長文なので前半を部分的に読んでみることにしたい。粘土板《タブレット》第一の最初の部分は破損しており、第四三行から始まる。

四三　わが神はわたしを捨てて消え、
四四　わが女神もわたしを見捨て、遠方に離れる。
四五　かつて身近な良き天使も離れ去った。
四六　わが守護霊は飛び去り、他の者を捜している。

四七　わが力は消え失せ、容貌は陰うつになった。
四八　わが威厳は飛び散り、わたしの平安は奪われた。
四九　恐るべき前兆がわたしを囲んでいる。
五〇　わたしは家を出て外をさまよう。
五一　前兆をさし示す器官は混乱し、日々、わたしを苦しめる。
五二　占い師と夢解き師はわたしの状態を説明しない。
五三　街路の言葉はわたしには悪い前ぶれである。
五四　夜、横たわると、夢は恐るべきものとなる。
五五　神々の化身、人民の太陽である王、
五六　彼の心はひどく立腹し、鎮まることがない。
五七　廷臣たちは、わたしに対し、たがいに話し合う[1]。
五八　彼らは集まり、悪しき言葉を、知らせ合う。
五九　すなわち第一の者は、「彼の命のもとを流し出そう」と言い、
六〇　第二の者は、「わたしは彼の地位を空白にしよう」、
六一　加えて第三の者は、「彼の職位をわたしがとろう」、
六二　「わたしは彼の家に入ろう[2]」と第四の者は言う。
六三　第五の者は、「彼の肺と口はひっくり返る[3]」と。
六四　第六と第七の者は、「彼の生命をつけねらおう」と。
六五　七名の党派は彼らの力を集めた。
六六　彼らは慈悲なき悪霊のごとくに結束する。
六七　彼らの肉は目的のために一つとなる。
六八　彼らの心は荒れ狂い、火のごとくに燃えあがる。

六九　悪口と偽りが、わたしに敵対する喜びを作り出す。

【訳注】

① uš-ta-na-ad-da-nu, 相互的Gt幹、kausativと解する。ランバート訳は、The courtiers plot hostile action against me.

② 『バビロニアン神義論』一四〇行（BWL, 78）にも同一表現があり、家の神聖さを汚すの意か。ランバート訳は、I will take over his estate.

③ 原文は意味不明（CAD, NI19）。ランバートは訳を放棄している。言葉の出ない状態にする、という意味か。

王の怒りをよび起こした時から、語り手に対する策謀が始まる。地位も生命も家も、危険にさらされる。なぜ、王が怒り、その怒りが鎮まらないのか、その理由は彼には分からない。なぜならば彼は、これまで王に忠誠を尽くしてきたからである。第二タブレットのなかで彼は言う。

三一　わたしは王に対して神に対するように誉《ほ》めたたえてきたし、
三二　わたしは宮廷への尊敬を民に教えさせた。

しかし、王の怒りは鎮まらず、廷臣たちの迫害は強まる。彼は神々や天使に見捨てられたとしか思えない。みずからの内に原因がみあたらないからである。やがて彼は、その逆境を、人間存在の根本にからみつく不条理へと接続する。

三九　昨日、生きていた者が、今日、死んでいる。
四〇　一瞬、落胆したかとおもえば、突然、活気に満ちる。
四一　人々はある時、有頂天になって歌い、

四二　他の時、職業上の嘆き人《びと》のごとく嘆く。……略……
四三　わたしはこれらの事に慄然《りつぜん》とした。わたしにはその意味が理解できない。

理解できぬだけではなく、物語の進行のなかで彼自身が激しい苦痛をともなうさまざまな病気に襲われる。物語作者は、語り手に人生の不条理を語らせるだけでは満足できなかったのである。

語り手は瀕死の状態に陥る。絶望は深まっていく。しかし彼は、旧約聖書のヨブのごとく、かすかな希望を捨てない。なぜならば彼も、死の淵のなかで、心に苦難の原因を見いだせないからである。彼は義の人である。

一一九　しかしわたしは、わたしの全家族のための日のあることを、知っている。
一二〇　その日、わが友の間にあって、彼らの太陽神シャマシュはあわれみをもつであろう。

第三のタブレットに入ると、突然、夢のなかで救済を告げる使者が現れる。やがて彼は、救済者たる知恵の主マルドックに救われることになる。それゆえに彼はその神を賛美するのであるが、しかし突然始まった不幸の原因は、最後まで隠されたままであり、宮廷における彼の地位やあの七人の党派の結末についても言及されない。おそらく、その点に踏みこめば、王権のあり方に関わらざるをえないからであろう。王と神との対立、そこから現れる王権批判の思想は、メソポタミアでは成立せず、古代イスラエルの預言者群においてのみ明確な形をとる。

右の神義論は、メソポタミア官僚社会における激しい身分変動と病理についての一つの証言とみなすことができる。王権は、世襲的な官僚の自立化を破壊するための身分政策を打ち出すのであり、それに翻弄される個人の運命が神義論の形をとって文学的に描写される。その際、重要な点は、この神義論が身分変動にともなう「廷臣たち」の行動を、鋭く批判的な眼で眺めていることである。確かに、官僚が権力的に自立化するならば、家産制国家は解体するであろ

	表面（obverse）		裏面（reverse）
1	シュルパック（人名）……	1	……
2	ウトナシュプテ（人名）……	2	……
3	わが子よ……	3	……のように
4	ウトナシュプテ……	4	よそ者に……
5	わたしの教え……	5	人の娘……
6	……言葉……	6	力ある者……
7	ロバの子……	7	……ならぬ
8	……における耕作地……	8	中傷する者……
9	汝の農地……	9	……ならぬ
10	汝の耕作地において……	10	反逆者のごとく……
11	……汝の家……	11	……のように……
12	……への保証人になるな……	12	兵士に対して……
13	さもなくば汝は……保証人……	13	……太陽神……
14	人にたいして……	14	兵士に対して……
15	言い争いの場……		
16	言い争い……		
17	言い争い……		

うけれども、反対に、身分変動にからむ党派的対立や策謀が闇の中で広がっていくならば、それもまた家産制国家の機能マヒや内部崩壊につながっていくことになる。したがって、古代オリエントの教訓文学は、その成立以来、この病理を阻止するための警告で満ちている。

シュメール時代の作品でアッカド語に翻訳された『シュルパックの教訓』（BWL, 95）は、破損が激しく文頭の言葉しか残ってはいないが、それらの言葉からこの教訓が何を問題にしていたのか、わずかだが推測することができる。

この現存する最古の教訓は、「兵士に対して」（re. 12, 14）とあるように軍官の分離を前提にしており、また「わが子よ」（ob.3）というよびかけと「わたしの教え」（ob.5）という定型句をもっていて、古代オリエントの書記学校で使われた教訓文学の形式をすでに備えている。内容的に注目すべき点は、「言い争い」（ṣāltu）（ob,15,16,17）と、その原因を作る「中傷する者」（a-kil kar-ṣi）（re.8）とが、テーマに掲げられていることである。なぜなら、このことは官僚社会内部での争いが、シュメール時代からすでに深刻であったことを物語るからである。その際、争いの武器は、神義論のなかの「廷臣たち」と同様に言葉であって軍事力ではない。官吏はいかに地位が高くとも、封建貴族や古代市民とは違って軍の担い手ではないからである。

『シュルパックの教訓』と同じく、シュメール時代に由来し、バビロンおよびアッシリアで流布した『ニヌルタ神への賛歌』(BWL, 119)も、「中傷する者」(a-kíl kar-ṣi)、「卑劣なことを言う者」、「その同僚の背後で悪しき爪《つめ》を伸ばす者」、「その兄弟(同僚)を(a-ḫi)非難する者」に対して、呪詛《じゅそ》を投げつける。

官僚倫理に関する典型的な教訓文学である『知恵の勧め』も、『シュルパックの教訓』における「言い争い」(ṣaltu)のテーマを継承する。

三二　言い争いの場(a-šăr ṣal-tim-ma)に近づいてはならない。

三六　言い争いに面したら(ina pa-an ṣal-tim-ma)、道を進んでゆき、かかわりあうな。

こうした禁止命令は、メソポタミアに限らず、エジプトにもあらわれる。『ドゥアケティの教訓』のなかで、父は子にさとして、

「私はおまえにもう一言、戦場においていかに振舞うか、それを教えるために言おう。
争いのある処に近づいてはならない」(XIII cd)

と語る。宮廷ないし官僚社会は一つの「戦場」なのである。

『プタハヘテプの教訓』(Pt.350-8)や『知恵の勧め』(21,30)には、より一般的に、悪口を語ることや聞くことの禁止命令もある。むろんそれは、いつの時代、いかなる社会においても見られるが、教訓文学の場合には、官僚社会の身分変動とそれにともなう病理とにかかわっていると言えよう。

さて、以上は、古代オリエントの官僚社会内部の状況を見てきたのであるが、それに対して孔子の場合はどうであろうか。

もちろん彼は、この、いわば家産制的な身分変動という現実を熟知している。しかし彼は、同僚に対する「信」を強調するけれども、オリエントの教訓文学に現れるような教えや警告を語るわけではない。それには大きく分けて二つの理由がある。

第一に、家産制的身分変動というものは、君主が世襲的・特権的な家臣の自立化を抑止するための身分政策に由来するのであるが、孔子時代の中国は、この君主の身分政策が十分に機能できず、反対に、家臣の自立化が進行していたことにある。

「臧文仲《ぞうぶんちゅう》は其れ位を竊《ぬす》める者か。柳下恵《りゅうかけい》の賢を知りて与《とも》に立たず」（衛霊公一四）

孔子も、家臣の自力による地位掌握に対して批判する。こうした状況では、上からの身分政策による地位変動と、その結果としての病理について、対応する事情ではなかったのである。

ところが、しかし、新しく実権を握った者も、その権力を安定させるために、オリエントの君主と同じような身分政策を展開することになる。その際、孔子学校の立場は、最初に見たように、この身分政策によって権力や地位を失う「貴族」の立場ではなく、反対に、この身分政策によって登用される「庶民」の立場、『プタハヘテプの教訓』のなかの、かつて「卑しい身分」だった者に対応する立場だった。それゆえに、あの神義論のなかの、地位の高かった主人公の嘆きのごときものは決して論語にはあらわれてこない。

しかし巨視的に見れば問題は同じである。君主の力が強く、一方的に「庶民」登用的な身分政策を貫けば、官僚社会の中の身分変動にともなって、その内部に対立や陰湿な争いが生まれる。反対に家臣が自立化すれば官僚社会の秩序が解体と再編を繰り返していき、ついにはアナーキー状態になる。
官僚社会の内部における秩序を維持するにはどうすればよいのか。悪口や言い争いの禁止だけではなお十分ではない。それゆえ、古代オリエント教訓文学は、徹底的な無抵抗主義・平和主義を掲げることになるが、その理念は孔子学派にも共通する。次の章で、その理念の性格を検討することにしたい。

【注】

(1) 坂田新『論語紀行』日本放送出版協会、二〇〇〇年、一八八―九ページ。
(2)『ドゥアケティの教訓』解説、筑摩、五三一ページ。
(3) H. Brunner, Das Hörende Herz, 1988, S.70-81.
(4) 貝塚茂樹『孔子』前掲書、二〇―四ページ。

三章

儒教的オリエント的平和主義

孔子時代、紀元前五、六世紀前後、世界における思想史は新しい段階に入っていく。ギリシアのソクラテス、イスラエルの古典的預言者たち、インドの釈尊（ゴータマ・ブッダ）、中国の孔子、巨視的に見れば彼らはほぼ同じ時期に世界史に現れ、そして一つの共通のテーマを掲げる。それは戦争の克服というテーマである。

ペルシア戦争時代、戦争は、ギリシアの人間と文化を守るための戦いであり、いかに勝つかということだけが問題だった。が、その後、アテナイとスパルタとが対立し、ギリシア内部で都市国家群が争うペロポネソス戦争の時代に入ると、戦争はギリシアの自滅を意味することになる。ソクラテスは、戦争を促進する価値体系を吟味・批判し始めて、戦争克服の思想形成をめざすことになる。

パレスチナは今も昔も戦争の舞台である。旧約聖書時代のイスラエルは、一方に旧い強国エジプトと、他方にメソポタミアの強国とに挟まれた交通の要地に位置する。したがって、遠隔地商業（隊商）と軍事的利害のために、世界帝国をめざす強国はこの地で衝突する。イスラエルの外交政策は、しばしば一方に加担して世界戦争を誘発するのであるが、イスラエル古典預言者たちはこれに断固として反対し、イスラエルの民族的な使命が、強国間の対立を回避し、調停し、世界平和実現の旗手であることを、神の言葉として告知するのである。

釈尊時代のインドも、新興都市国家群が、とりわけガンジス河の支配をめざして争う戦争の時代だった。諸民族が大河とその支流によって結ばれて一つのインドを構成できるはずなのに、現実はその反対であり、ある時期からの釈尊の眼にはそれが異様に映る。彼は出家し、民族的な血統意識の根底を否定するとともに、争いを生む自我意識そのものを放棄する道を歩んでいく。

孔子も同様の問題に直面していた。かつて、華北大平原に配置された軍事的都市国家群がいまや独立性を強め、外に対して共同して中国を守るのではなく、放置すれば中国内部の戦争が始まるかもしれなかった。覇権争いを回避して、再び中国を一つの家のごとくにするにはどうすればよいのか。戦争の問題は、孔子にとって、勝つことではなく、克服すること、戦争をなくすこととなる。

ソクラテス、預言者、釈尊、孔子、彼らの時代は旧文明の帝国の時代ではなく、対立する都市国家の時代であり、しかも鉄の時代である。ホメロスの叙事詩では、鉄は競技の際の勝者に与えられる貴重なトロフィーのようなものでしかないが、すでにヘシオドスは彼の時代を鉄の時代と呼んでいる。イスラエルが王国を形成するのは、鉄を独占し強力な武器をもつ海の民ペリシテ人と対抗するためだったし、釈尊時代の最強国マガダ王国は、地上に露出する豊かな鉄の鉱床をもっていた。鉄を武器とする戦争の破壊力はこれまでとは比較にならない。戦争回避の課題は深刻さを増していた。

ところがまた、戦争は国と国との争いであるが、その争いの根底には、国や民族の内部での、一人ひとりの人間のあり方の問題性が横たわっている。それゆえに右の世界史上の人物たちが、この問題性を凝視《ぎょうし》して、単なる政治家ではなく宗教者や哲学者として現れるのも偶然ではない。

さて、孔子も、中国における戦争の回避という問題と同時に、これまで見てきたように、都市国家内部で訴訟そのものをなくすという理想、あるいは官僚制内部における争いの克服という課題をかかえていた。孔子のあらゆる思想はすべてこうした課題に応えるものであったとも言えるが、ここでは彼の平和主義の特徴について、とりわけその無抵抗主義の倫理について検討を試みることにしたい。

一　問題および資料

孔子学校の精神的雰囲気をいまに伝える貴重な証言が残されている。それは孔子の、おそらく最も優秀な弟子だった曾子のことばである。

「曾子の曰わく、能《のう》を以て不能《ふのう》に問い、多きを以て寡《すく》なきに問い、有れども無きが若《ごと》く、実《み》つれども虚《むな》しきが若く、犯《おか》されても校《むく》いず。昔者《むかし》、吾が友、嘗《かつ》て斯《ここ》に従事せり」（泰伯五）

曾子は過去を回想し、孔子学校時代の友を、自分の弟子たちの模範として顕彰《けんしょう》する。だからこの言葉は彼の弟子による創作ではなく、事実を伝えるものである。弟子の創作であったならば、曾子の友を称賛するのではなく、曾子自身を称賛する文を作ったであろう。曾子のいう「吾が友」が誰をさすのか、ふつうは顔回をさすと言われるが、右の言葉を孔子学派の綱領と解する仁斎は、友を複数形にとり、孔子門下の諸賢者とする。

内容の面で重要なのは、「犯《おか》されても校《むく》いず」の一句である。金谷治氏は「害されてもしかえしをしない」と訳している。実際、朱子以前の古注では、「校は報ゆるなり」つまり報復として解釈されてきた。しかし朱子は「校は計校なり」つまり相互に比較し計り較《くら》べるの意に解した。古注を知る徂徠も仁斎も理由を示すことなく朱子に従っている。「犯而不校」の四字の組み合わせからからすれば、むしろ古注や金谷氏の読み方が自然であろう。おそらく封建社会に生きる朱子、仁斎、徂徠いずれも、「犯されても校いず」という徹底的な無抵抗主義にはついていくことができなかったのであろう。

プラトンは『国家』のなかで、神学《テオロギア》の規範として、神々は善き者であり、有害なものをもたず、それゆえ決して「害する」ということのない者である、と定めているが(379a-c)、その基準からすれば、孔子学校の学友は神的な理念のなかで生きていた、あるいは生きようとしていたことになる。しかし、その点に踏みこむ前に、もう一度、曾子の言葉に戻り、全体の文脈のなかで眺めてみよう。「犯《おか》されても校《むく》いず」という結論がくる前に、「能を以て不能に問い」以下の文がある。その内容は論語の他の箇所でも見られるので、まずこちらから参照しよう。

「子貢問うて曰わく、孔文子《こうぶんし》、何を以てかこれを文と謂《い》うや。子の曰わく、敏《びん》にして学を好み、下問《かもん》を恥じず、是《ここ》を以てこれを文と謂うなり」(公冶長一五)

孔子学校においては、能ある者が能なき者に質問し、上の者が下の者に訊《たず》ねる、という姿勢そのものが、尊重される。それは学を好む証《あか》しだからであるが、しかし学を好むという意味は、客観的な知識量を増すというだけではなくて、人格を磨くということにかかわっている。そもそも孔子学校における学問の根本的な目的は、「学べば則ち固《こ》ならず」(学而八)という謙虚さの修得に置かれているのである。

「子、四つを以て教《おし》う。文、行、忠、信」(述而二四)

「子、四を絶《た》つ。意なく、必《ひっ》なく、固《こ》なく、我《が》なし」(子罕四)

文章の形からすれば、二つの文は同一の者の手になる。彼あるいはそのグループが何者なのか、今ではわからない。けれども、このきわめて短い言葉のなかに、孔子の教えと、その教えのめざす模範者たる孔子像とを凝縮したとき、それは永く深い省察の上であったことを感じさせるものがある。

学問や知識には悪魔的《デモーニッシュ》な性格がまとわりついている。学問を深め知識を広げるならば、本来、人は未知の領域の果てしなさに気づき、自分の無知の自覚に行きつくのであろうが、現実には反対に、知識ゆえに優越感を抱き傲慢になる。孔子学校は、忠信を主とする官吏の養成をめざすものであるから、この傲慢性を打ち砕き、「下問を恥じず」という姿勢を強調するのである。

「子の曰わく、我を知ること莫《な》きかな。子貢が曰《い》わく、何為《なんす》れぞ其れ子《し》を知ること莫《な》からん。子の曰わく、天を怨みず、人を尤《とが》めず、下学《かがく》して上達す。我れを知る者は其れ天か」（憲問三七）

歴史のなかの孔子はたえず不遇である。その不遇のなかにあっても、「天を怨みず、人を尤《とが》めず、下学して上達す」という姿勢を貫く。下学を人事の学習で、上達を天理への到達という解釈もあるが、その解釈はあまりに朱子学的であるように思う。下学は下問に近い意味ではなかろうか。

いずれにせよ、「能を以て不能に問い、多きを以て寡《すくな》きに問い」という姿勢は、孔子学派における学問の前提であり、かつ目標でもあり、したがって、たとえば、

「己《おの》れに如《し》かざる者を友とすること無かれ」（学而八、子罕二五）

という言葉も、別段、その学風に矛盾するわけではなく、ただ優劣の基準が知識量の多寡《たか》ではなく、人格的な謙虚さにおかれていることを示すにすぎない。ひたすらに謙虚であることを求めて、「意なく、必なく、固なく、我なし」という、傲慢さを破壊した心の状態性のなかから、「犯《おか》されても校《むく》いず」という崇高な理念への通路が開かれる。こ

の理念を掲げる者は一切の争いを捨て去る。

「子の曰わく、君子は矜《きょう》にして争わず、群して党《とう》せず」（衛霊公二二）

「子の曰わく、君子は争う所なし。必ずや射《しゃ》か。揖《ゆう》譲して升《のぼ》り下《くだ》り、而して飲ましむ。その争いは君子なり」（八佾《はちいつ》七）

津田は後《あと》の文を後《のち》の儒家によるものとする（一八〇ページ）。そうかもしれないが、「君子は争う所なし」の思想は孔子に由来するであろうし、それは「犯されても校いず」という思想と緊密に結びついている。

孔子は、ひとまず、報復主義をきっぱりと否定しているように見える。君子は、目には目、歯には歯ではなく、害されても報復せず争う所がない。けれども、論語のなかには、その理念と相容れぬような言葉がある。

「或《あ》るひとの曰わく、徳を以て怨《うら》みに報いば、何如《いかん》。子の曰わく、何を以てか徳に報いん。直《なお》きを以て怨みに報い、徳を以て徳に報ゆ」（憲問三六）

「犯されても校いず」という報復主義の否定は、それをさらに深めれば、「徳を以て怨みに報い」(1)という高邁《こうまい》な思想に行き着くように思えるけれども、孔子はそれを拒絶し、「直きを以て怨みに報い」という立場をとる。他者から被る害悪、その結果としての怨みに対して、直《なお》きをもっと報いるのであれば、それは一つの報復主義に結果するのではあるまいか。孔子における「直きを以て怨みに報い」という立場は、次のようにも表明されている。

「子の曰わく、巧言《こうげん》、令色《れいしょく》、足恭《すうきょう》なるは左丘明《きゅうめい》これを恥ず、丘《きゅう》も亦《ま》たこれを恥ず。怨みを匿《かく》して其の人を友とするは、左丘明これを恥ず、丘もまたこれを恥ず」（公冶長二五）

論語のなかのこの文章の前には、

「子の曰わく、孰《たれ》か微生高《びせいこう》を直《ちょく》なりと謂《い》う。或るひと醯《す》を乞《こ》う。諸《こ》れを其の鄰《となり》に乞いてこれを与う」

という文章がおかれているが、それは偶然ではない。内容はむろん異なるが、しかし両者はいずれも「直《ちょく》」というテーマを共通にしているからである。孔子は、微生高の、乞われれば失《な》くても借りて与える行為を、直の否定としてネガティブに受けとめ、また同様に、「怨みを匿して其の人を友とする」ことを、直ではないとして拒否する。したがって、ここには一つの思想的な問題が隠されていることになる。すなわち、「犯されても校いず」の理念が、「友」という枠組みの外に対しては、反対の態度が生まれる可能性である。その点について直接に検討する前に、比較参照資料として、古代オリエントの場合を見ることにしたい。

『プタハヘテプの教訓』は序文の後《あと》、本文第一章で次のように教える。

一章
五二　汝に知識があるからといって、汝の心を大きくするな。
五三　汝が学ある者だからといって、汝の心を満たすな。
五四　学ある者と同様に学なき者にも訊《たず》ねよ。
五五　技《わざ》の限界は達成されることがなく、
五六　その腕前を完成した熟達者もいない。
五八　よき言葉はエメラルドよりも隠されていて、
五九　（しかし）挽《ひ》き臼《うす》のまわりの下女たちに見い出されることもある。

日本語訳の解説には、「下女に対してもすぐれた言葉を述べうる可能性を認めていることは、古王国を貴族社会とみる公式的な見解からはいささか驚くべきことに見えるであろう」とある(2)。が、先ほどの孔子学派の立場を想起すれば驚くにあたらない。教えの最初に、下問・下学の精神を語るのは、むしろ論理必然的なのである。エジプト書記学校も徹底的な謙虚さを教えるのであり、学問はそのためでもある。

『プタハヘテプの教訓』のつづく三つの章は、「犯されても校《むく》いず」の思想に対応する。

二章
六〇　もし汝が言い争う者に出会うならば、
六一　彼が心を統御し汝より高位者《イケル》であれば、
六二　汝の両腕を折り背を曲げよ。
六三　汝の心を彼に挑《いど》ませるな、彼は汝に対抗できぬだろう。
六四　悪を語る者を、汝が砕くのは、
六五　活動する彼に対抗しない事によってである。
六六　彼は学なき者と言われるだろう、
六七　汝の犠牲が彼の地位に匹敵するならば。
三章
六八　もし汝が言い争う者に出会うならば、
六九　彼が汝の肩と同等の者であれば、
七〇　彼に対する汝の優越《イケル》を沈黙によって作れ。
七一　彼が悪を語るとき、
七二　聞く人びとにおいて（彼の）悪名は高く、
七三　汝の名は高官たちにおいて美しくある。
四章

七四　もし汝が言い争う者に出会うならば、
七五　彼が劣った者で汝と等しくない者であれば、
七六　汝の心を彼に対して怒らせるな、彼が弱くとも。
七七　彼にかかわるな、彼みずから自分を罰することになろう。
七八　汝の心を軽くしようとして彼に応答してはならぬ。
七九　汝の前にいる者を嘲笑してはならない。
八一　心の劣った者をやりこめるのはよくない。
八二　汝の心にあることを、人が行うだろう。
八三　汝は高官たちの罰によって彼を撃《う》つだろう。

【訳注】　八〇行は写本L_2で他との重複文なので省略。

以上の三つの章において、地位が上の者、同等の者、下の者、いずれに対しても報復主義の否定が説かれている。したがって、謙虚・下問を教える最初の章を加えると、あの曾子の言葉「能を以て不能に問い、……犯されても校いず」と同一の思想が表明されていると言えよう。そしてまた『プタハヘテプの教訓』における無抵抗主義は、孔子学派とよく似た問題をかかえているようにも思われる。というのは、右に続く第五章は、

八四　もし汝が指揮者であれば、
八五　大衆に指示を与えるに際して、

という書き出しになっていて、作者の視線が突然に「大衆《レムチエ》」に移っているからである。つまりこれまでの無抵抗主義が、官僚社会内部のみのことにすぎない、という疑念を抱かせるのである。

『プタハヘテプの教訓』一章から四章は、孔子学派と同じ思想を表明しているけれども、しかし倫理的な質は孔子

学派よりも低い。というのは、沈黙と無抵抗とによって、「言い争う者」、言葉で危害を加える者が、むしろ悪い評判を生み（七二行）、みずから墓穴を掘り（七七行）、ついには高官たちの罰に撃たれる（八三行）という理由が付されており、倫理というよりも官僚の処世術という性格を濃くしているからである。孔子や曾子の言葉には、そのような打算的な功利主義は見られない。

それに対して、新王国時代の『アニの教訓』になると、無抵抗主義の倫理は内面的に純化される。


「わたしが汝に語ることを聞け。汝はその有用性を見るだろう。

おろそかにすれば汝は滅びる。

他の人間に対して、心のなかにおいても対抗してはならぬ、彼が汝を攻撃する時に。

噴激することは神の嫌うところである。

そうせぬように注意せよ」（Ami,15,12-13)

神との関係において、「犯されても校いず」の理念が成立するのであって、よけいな理由づけは消えている。ところが、『アニの教訓』もまた、これまで見てきたような問題性をかかえている。


「争いの日に、汝の隣人のいかなる者に対しても悪を言ってはならぬ。

そうすれば彼は汝に好意を示し、
汝は彼において、友愛の時、援助者を見い出す。

欠乏が来た時、どうするのか。

汝はよそ者を耐え忍ぶための（協力者）を彼のなかに見い出す。そしてよそ者は遠くにとどまる。

よそ者にとって役立つことは、兄弟にとって有害である」（19, 16-20, 3)

アニの世界には内と外との区別があり、無抵抗主義の倫理は内のなかに閉じ込められているのである。

メソポタミアの場合はどうであろうか。

『知恵の勧め』は、「犯されても報いず」の思想を越えて、論語のなかの「或るひと」の立場「徳を以て怨みに報い」に至っている。

四一　汝に言い争う者（bēl ṣal-ti-ka）に対して、敵対してはならない。
四二　汝に悪をなす者に対して、善を報いよ。
四三　汝の敵に対して、正しきことをなせ。
四四　汝の敵対者に対して、汝の心を好意的にせよ。
四五　もし汝に悪意を抱く者が…………彼を養え。
四六　汝の［心を］悪に向けてはならない。
四七　……は神々の好むところであり、
四八　悪しき……は、マルドックの……嫌うところである。

点線は破損箇所であり、また次の行から数行、失われている。が、右の四七および四八行において、それまでの倫理的戒命の理由づけが神々とマルドック神によってなされているので、内容的にここで区切られているものと判断できる。なお、四二、四三、四四の三行は、原文では同一の形の文章構成になっていて韻を踏んでおり、おそらく口頭伝承の歴史をもっていたと思われる。

内容の評価に関して、英訳者のファイファーは、右の引用文がマタイ福音書の山上の垂訓《すいくん》の倫理レベルにあると、注記を付している(3)。はたしてそう言えるのか否か、慎重を期す必要がある。メソポタミアには、シュメール時代から伝わる諺《ことわざ》、たとえば、

「汝の友に悪をなすならば、汝の敵に何をなすのか」(BWL, 227)

とか、あるいは、

「肉は肉、血は血、よそ者はよそ者、外国人は外国人」(BWL, 271)

など、敵と味方、外と内を分ける倫理があるが、『知恵の勧め』がはたしてこうした倫理を突破しているのか、それともこの外枠の中でのみ通用する身内主義的な無抵抗と愛を語っているのか、問題が残る。

倫理的戒命の理由づけとして現れる主神マルドゥックは、バビロンの新年祭において、毎年、王権の更新を承認し、王と官僚層による支配の正当性を保証する神である[4]。それゆえに、エジプトの例から推測するならば、『知恵の勧め』の倫理は、官僚社会の内部のみに通用するものであった可能性が強い。

さて、以上は、古代オリエントの比較参照資料を見てきたのであるが、再び孔子学派の世界に戻ることにしたい。「犯されても校《むく》いず」というような理念は、これまで見てきた例から分かるように、その内容的な深さや精神的な射程距離に関しては、文字を見ているだけでは理解できない。理念が、それを掲げる人びとによって、いかに生きられたのか、その生の軌跡を追求するのでなければ、理念の性格と質とを確定できない。それゆえに、「犯されても校いず」の理念を掲げる曾子学派を中心にして、孔子の弟子たちを祖師《そし》とする原始儒教の諸学派の行動の跡《あと》を、論語のなかに探っていきたい。論語のなかには彼らの手になるさまざまな創作文がある。それらを検出していくならば、彼らの行動を解明すると同時に、論語という書物の成り立ちについてもいくらかの知見を得ることができるかもしれない。

【注】

(1) 以前から指摘されてきたように、『老子』には「徳を以て怨みに報いよ」の言葉がある。小川環樹訳注『老子』中公文庫、一九七三年、一一八ページ。本論で述べるように、「直き」の思想は孔子本来のものであり、それによって「徳を以て怨みに報い」を否定しているので、おそらく、論語の文がまずあり、それを拒絶する『老子』の文が後から作られたと思われる。

(2) 筑摩五〇二ページ。

（3）ANET, 426, n.3.
（4）『バビロンの新年祭』筑摩一九七ページ以下。

二　曾子学派

孔子没後、儒学の発展のなかで曾子学派の果たした役割は大きい。この学派の思想的な特徴は孝の倫理を異常なまでに強調する点にある。むろん孝は儒教倫理のなかで基礎的位置を占めるが、忠、信、とりわけ仁が重要視されるのに対して、曾子学派はひたすらに孝を重んじる。たとえば『孝経』は、曾子の質問に孔子が答えるという体裁をとるが、それはこの学派が作成したものだからである。また論語において、死を間近に控える運命的な時のなかの曾子は、その学派によって孝の体現者として描写される。

「曾子、疾《やまい》あり。門弟子《もんていし》を召《よ》びて曰わく、予《わ》が足を啓《ひら》け、予が手を啓け。詩に云《い》う、戦戦兢兢《せんせんきょうきょう》として、深淵に臨むが如く、薄氷《はくひょう》を履《ふ》むが如しと。而今《いま》よりして後《のち》、吾れ免《まぬが》るることを知るかな、小子《しょうし》」（泰伯三）

津田によれば、この文は『孝経』の教えにもとづいて後代に作成されたもので、史実を伝えるものではない（一九二―三ページ）。確かに、『孝経』の最初の部分には、

「身体髪膚《はっぷ》、これを父母に受く。敢《あ》えて毀傷《きしょう》せざるは、孝の始めなり」

という言葉があり、それから数行後《あと》に右に引用された『詩』の言葉がある(1)。それゆえ津田の判断は正しいに違いない。が、問題はその次にある。一体なぜ曾子学派は、この『孝経』の言葉をもとにして、臨終の時の曾子像を描

いたのか。生涯、親からいただいた体に傷一つつけなかった曾子像は何を語っているのか。身体に、もっとも傷を被りやすい人、それは軍人である。

おそらく曾子学派は、官僚として国政に進出していくなかで軍人諸階層と対抗関係に入り、いわば家産官僚制的なシビリアン・コントロールをめざしていたのではないか。少くとも、軍人に対する官吏の倫理的な優越性を主張したかったに違いないだろう。

ところがまた曾子学派は、軍人に冷ややかな視線を投げるだけではなくて、内側にも眼を向け、儒教の「純化」をはかる。具体的には、孔子の直《じき》弟子のなかで勇気を体現する子路に対して、嘲笑をこめた創作を行うのである。勇気は軍人の徳だからである。

まず、子路の歴史的実像を伝えると思われる原伝承を見よう。

「顔淵《がんえん》・季路待《じ》す。子の曰わく、盍《なん》ぞ各々爾《おのおのなんじ》の志しを言わざる。子路が曰わく、願わくは車馬衣裘《いきゅう》、朋友と共にし、これを敝《やぶ》るとも憾《うら》み無けん。顔淵の曰わく、願わくは善に伐《ほこ》ること無く、労を施すこと無けん。子路が曰わく、願わくは子《し》の志しを聞かん。子の曰わく、老者《ろうしゃ》はこれを安んじ、朋友はこれを信じ、少者はこれを懐《なつ》けん」（公冶長二六）

子路はなるほど勇気を体現する人物であるが、その勇気は、この伝承文においては、第一に、「顔淵・季路待す」という標題の順序にもかかわらず、顔淵（顔回）よりも子路の方が先に答えるという点、第二に、答えるだけではなく、あえて子《し》の志を聞くという点、この二点にあらわれる。

けれども、子路が先に答えるのは、孔子がたずねたので、まっ先に従ったまでで、彼の勇気は忠や孝（服従）に矛盾するわけではなく、また、子の志を聞いたのは、模範者たる孔子からおそらく志のあり方を学ぼうとしたもので、それゆえ孔子もおだやかに応《こた》える。いずれにおいても子路の勇気は、聞き従うという枠のなかにおさまっている。すでに引用したことがあるが、歴史上の子路は、

「子路、聞くことありて、未だこれを行なうこと能《あた》わざれば、唯だ聞くこと有らんことを恐る」（公治長一四）

という人物だったのである。

ところが、曾子学派は右の原伝承文を見ながら、次のような文章を作成する。

「子、顔淵に謂《い》いて曰わく、これを用うれば則ち行ない、これを舎《す》つれば則ち蔵《かく》る。唯《た》だ我れと爾《なんじ》と是れあるかな。子路が曰わく、子、三軍を行なわば、則ち誰《だれ》と与《とも》にせん。子の曰わく、暴虎馮河《ぼうこひょうか》して死して悔いなき者は、吾れ与《とも》にせざるなり。必ずや事に臨《のぞ》みて懼《おそ》れ、謀《ぼう》を好みて成さん者なり」（述而一〇）

登場人物は先ほどの原伝承（公治長二六）と同じく、孔子、顔淵、子路の三名で、顔回はここでも顔淵の名でよばれる。

孔子は顔回とともにみずからをも自画自賛する不自然な姿で登場し、その際、仁の場合に見た「我れ」とは違って、単数形の「我れ」が使われる。（その後の文では「吾れ」となっている）。官吏をめざしているはずの子路が、「三軍を行なわば、則ち誰と与にせん」という、やはり不自然で見えすいた幼稚な質問をして、侮蔑を込めた言葉で孔子に拒絶される。その上で、「死して悔いなき者」という軍人的なあり方に対して、官吏の慎重さや計画性を示す「懼《おそ》れ」と「謀《ぼう》」という姿勢が強調されるのである。

この物語のなかで、顔回は一言も口を開かないが、しかし作者は彼を孔子と同じレベルに位置づけている。この高い評価はどこに由来するのであろうか。おそらく作者は、顔回についての次の伝承を知っており、それをも念頭において右の文章を作成したと思われる。

「子《し》、匡《きょう》に畏《おそ》る。顔淵後《おく》れたり。子の曰わく、吾れ女《なんじ》を以て死せりと為《な》す。曰わく、子在《いま》す、回何ぞ敢《あ》えて死せん」（先進二三）

顔回は顔淵の名で呼ばれ、孔子は「吾れ」の字を使う。

作者が子路を「暴虎馮河して死して悔いなき者」と描いた時、その背後には、顔回の史実を伝えるこの伝承があったに違いない。顔回は、父のごとき孔子とともにあるために、死線を越えて生きぬこうとした。その、いわば孝を体現する姿に、作者すなわち曾子学派は深い感銘を受けたのである。そして、その顔回とは反対の人物として、「暴虎馮河して死して悔いなき者」という子路像を作成した。別の例を見よう。

「季康子《きこうし》問う、弟子《ていし》孰《だれ》か学を好むと為《な》す。孔子対《こた》えて曰わく、顔回なる者あり、学を好む。不幸、短命にして死せり。今や則ち亡《な》し」（先進七）

「哀公問う、弟子孰か学を好むとなす。孔子対えて曰わく、顔回なる者あり、学を好む。怒りを遷《うつ》さず、過《あやま》ちを弐《ふた》たびせず。不幸、短命にして死せり。今や則ち亡し。未《いま》だ学を好む者を聞かざるなり」（雍也三）

「子の曰わく、過《あやま》ちて改めざる、是れを過ちと謂う」（衛霊公三〇）

曾子学派は上文をもとにして下文を作成した。「怒りを遷《うつ》さず」という書き込みは、顔回を彼らにとっての理想像とするためであっただろう。彼らの師である曾子の言葉、「犯されても校いず。昔者《むかし》、吾が友、嘗《かつ》て斯《ここ》に従事せり」という言葉のなかの「吾が友」を、曾子学派の人々は仁斎先生とは違って、ただ一人顔回のみと解釈したのかもしれない。彼らにとって顔回は、師たる曾子の友であり、孝の体現者であり、無抵抗の倫理を身につけ、そして短命のうちに消え去った。彼らが顔回を理想化するのは当然なのである。そして、それに逆比例する形で、子路の実像を歪曲する創作が行われていく。

「子の曰わく、道行《おこ》なわれず、桴《いかだ》に乗りて海に浮かばん。我れに従わん者は、其れ由《ゆう》なるか。子路これを聞きて喜ぶ。子の曰

わく、由や、勇を好むこと我れに過ぎたり。材を取る所なからん」（公冶長七）

子路についての前の創作文（述而一〇）と同様に、形式上のテーマは誰が孔子と与《とも》にありえるか、というものであり、内容的にも、ここでも、桴《いかだ》で大海に乗り出すかのごとき子路の人格、その無謀で過剰な勇気が否定される。これは創作文である。だから孔子の言動は子路を喜ばしておいて叩くという、トリッキーな性格を帯びる。

曾子学派は、創作によって子路の姿を歪めるばかりではなく、論語において、編集という方法によって子路に攻撃を加える。

「子の曰わく、敝《やぶ》れたる縕袍《うんぽう》を衣《き》、狐貉《こかく》を衣たる者と立ちて恥じざる者は、其れ由《ゆう》なるか」（子罕二七）

孔子学校には貧しい学生が多い。だから孔子はこの譬《たと》えを使って子路（由）の気魄《きはく》を称《たた》えた。子路を称え、他の者たちをも激励したのである。想像するに、その、背景にあって激励された者たちが、この言葉を伝承した。いずれにしてもこの孔子の言葉は旧くに由来し、しっかりと根づいた伝承であったので、曾子学派はこれをかき消すわけにはいかず、論語のこの文の隣に次の文をおいた。

「忮《そこな》わず求めず、何を用《もっ》てか臧《よ》からざらん。子路、終身これを誦《しょう》す。子の曰わく、是《こ》の道や、何ぞ以て臧《よ》しとするに足らん」（子罕二八）

曾子学派は、子路が孔子によって称讃されたことに耐えることができず、この文を隣においた。この文は、前半が史実で、子路の生き方を否定する後半が曾子学派の作文なのであるが、その論証は他の文脈で行うこととしたい。

論語のなかには、宰我《さいが》（宰予《さいよ》）を激しく叱責《しっせき》する孔子の言葉がいくつかある。それらは本当に孔子の口から出たものか、きわめて疑わしい。子路から宰我に移ることにしよう。

「宰予《さいよ》、昼寝《ひるい》ぬ。子の曰わく、朽木《きゅうぼく》は雕《ほ》るべからず、糞土《ふんど》の牆《かき》は杇《ぬ》るべからず。予《よ》に於《お》いてか何ぞ誅《せ》めん。子の曰わく、始め吾れ人に於けるや、其の言《げん》を聴きて其の行《こう》を信ず。今吾れ人に於けるや、其の言を聴きて其の行を観《み》る。予に於てか是れを改《あらた》む」（公治長一〇）

宰我（予《よ》）は、ただ昼寝《ひるね》をしただけで、くさった木、ごみ土のかきね、と、ののしられ、叱責《しっせき》にも値しないと言われる。孔子の怒り方が異常なので、昔から途方もない解釈の数々が生まれてきた文である。しかし、この文章を事実の言い伝えとしてではなく、宰我もしくはその学派に対する儒教内部からの攻撃として考えれば、根拠のない想像上の解釈から逃れることができる。誰がなぜこの文章を作成したのか、この文章からだけでは確定できないが、ただ、文中、孔子が宰我ゆえに「言《げん》」への信頼を捨てた、という言葉は記憶しておきたい。やがてその作成者を捜す判断材料となるからである。

「宰我、問うて曰わく、仁者はこれに告げて、井《せい》に仁ありと曰うと雖ども、其れこれに従わんや。子の曰わく、なんすれぞ其れ然《しか》らん。君子は逝《ゆ》かしむべきも、陥《おとしい》るべからざるなり。欺くべきも、罔《し》うべからざるなり」（雍也二六）

仁の人は、井戸の中に仁があるといわれたならば、やはりそれに従うべきなのでしょうか。「なんすれぞ其れ然らん」。あまりに愚かな質問ゆえに、孔子も唖然としたもようである。引用文中の後半に関わって、金谷氏の訳注によれば、『孟子』万章上篇に、

「君子は欺くに其の方《みち》を以てすべきも、罔《し》うるに其の道に非ざるを以てし難し」

という言葉があるので、おそらくこれにもとづいて、宰我と孔子の問答が作成されたように思われる。次の宰我に関わる文は、やや雰囲気が異なる。

「哀公、社を宰我に問う。宰我、対《こた》えて曰わく、夏后《かこう》氏は松を以てし、殷人《いんひと》は柏《はく》を以てし、周人《ひと》は栗《りつ》を以てす。曰わく、民をして戦栗《せんりつ》せしむるなり。子これを聞きて曰わく、成事《せいじ》は説かず、遂事《すいじ》は諫《いさ》めず、既往《きおう》は咎《とが》めず」（八佾二一）

ここでも宰我は孔子によって叱責されている。が、この文が事実を伝えるものか、後《のち》の時代の作文なのか、それは分からない。いずれであるにせよ、この文のなかの宰我は、哀公の質問を受けるほどの人物で、夏《か》、殷《いん》、周《しゅう》の「社」を熟知している。論語のなかには、夏の礼や殷の礼に詳しい孔子を伝える言葉があるが（八佾九）、おそらく歴史上の宰我はその孔子の弟子たるにふさわしく、怠け者でも愚かでもなかったに違いない。

宰我について言及する論語の言葉は、次のものが最後である。

「宰我問う。三年の喪《も》は期《き》にしてすでに久し。君子三年礼をなさずんば、礼必らず壊《やぶ》れん。旧穀既《すで》に没《つ》き新穀既に升《みの》る、燧《すい》を鑽《き》りて火を改む。期にして已《や》むべし。子の曰わく、夫《か》の稲を食《く》らい、夫《か》の錦《にしき》を衣《き》る、女《なんじ》において安きか。曰わく、安し。女《なんじ》安くんば則ちこれを為《な》せ。夫《そ》れ君子の喪《も》に居る、旨《うま》きを食らうも甘からず、楽《がく》を聞くも楽《たの》しからず、居所《きょしょ》安からず、故に為さざるなり。今女《なんじ》安くんば則ちこれを為せ。宰我出《い》ず。子の曰わく、予《よ》の不仁なるや。子生《こ》まれて三年、然る後に父母の懐《ふところ》を免《まぬが》る。夫れ三年の喪は天下の通喪《つうそう》なり。予《よ》や、其の父母に三年の愛あらんか」（陽貨二一）

宰我は、格調の高い見事な弁舌によって、三年の喪を期《き》（一年）に切りつめるべきことを主張する。孔子は宰我（予）の不仁に嘆息し、三年の喪の理由を、生後三年の父母による慈しみから説明する。

右の問答は後《のち》の時代、儒学と墨子学派とが対立した時代の作文である。墨子学派は、当時の儒学の「厚葬久喪《こうそうきゅうそう》」

の主張に対して「節葬」を主張した。たとえば『墨子』公孟篇には、

「公孟子曰く、三年の喪、吾子《ごし》の父母を慕《した》ふを学ぶ、と。子墨子《しぼくし》曰わく、夫《そ》れ嬰児子《えいじし》の知、独り父母を慕《した》ふ而已《のみ》。父母得《う》可《べ》からず、然《しか》れども號《さけ》びて止《や》まず。此《こ》れ亦《そ》の故は何ぞや。即《すなわ》ち愚《ぐ》の至りなり。然《しか》れば則ち儒者の知、豈《あに》以《もっ》て嬰児子《えいじし》より賢《まさ》ること有《あ》らんや、と」

とある。儒者の公孟子に対する墨子の言葉である(2)。

すなわち、右の作文（陽貨二一）において、宰我は墨子学派の代弁者として描かれているわけである。もちろん、宰我を師とする宰我学派が儒学を捨てたわけではないけれども、彼らはおそらく墨子学派の思想のある面を儒学に取り入れようとして、儒学内部から攻撃を受けたのである。その攻撃の急先鋒を担ったのが、右の文から推測すれば、曾子学派だった。彼らにおける孝倫理の強調は、その一つの具体化として、「厚葬久喪」の形をとるからである。以上の点について参考までにもう一つの材料を提出したい。それはいわゆる孔門の四科十哲といわれる弟子の分類表である。

「徳行には顔淵・閔子騫《びんしけん》・冉伯牛《ぜんはくぎゅう》・仲弓、言語には宰我・子貢、政事には冉有・季路、文学には子游《しゅう》・子夏」（先進三）

この表には曾子があらわれない。このことは、曾子学派の人々にとっては、一つの攻撃として受けとめられたであろう。したがって、彼らはこの表の作成者に反撃を加える。すなわち、「言語には宰我」の言葉にもとづいて、言葉だけで信頼できぬ宰我像を作るのである。おそらく、曾子をカットし、表を作成したのは宰我学派だったからである。

事柄の性格上、確定的なことは言えないけれども、「孝」を強調する曾子学派と、墨子学派に接近する宰我学派との間には、激しい対立があったもようである。そして、もし、本当に宰我学派が墨子グループに接近したのが事実であれば、本書においてこれまで解決できなかった一つの問題に示唆が与えられるかもしれない。それは原始儒教にお

ける愛の観念である。すでに指摘したように、論語のなかには、墨子学派の影響を示すと思われる「用を節して人を愛し」（学而五）の言葉がある。それ以外にも、きわめて頻度は少ないが、愛の語は何度かあらわれ、時には仁との関連のなかにおかれる。

「汎《ひろ》く衆を愛して仁に親しみ」（学而六）、「樊遅《はんち》、仁を問う。子の曰わく、人を愛す」（顔淵二二）、「子の曰わく、これを愛して能く労すること勿《なか》らんや」（憲問八）、「曰わく、君子道を学べば則ち人を愛し」（陽貨四）

論語のなかの愛は、エジプトの、身分的な上への愛ではなく、衆や人という普遍的な対象をもち、仁の内容とかかわるようなのであるが、しかしその内容をめぐる問答は一つも残ってはおらず、いわば探究が放棄されている。それはなぜなのだろうか。

推測するに、宰我学派は墨子の兼愛思想を取り入れて、仁の倫理を思想的に豊富化しようとしたのであるが、曾子学派によってその思想的な試みが打ち砕かれたのではあるまいか。歴史上の人物としての宰我について、一切の伝承は残されておらず、つまりかき消され、代わりに偽りの宰我像が作成され、それとともに愛の観念の探究も消えてしまった。曾子学派がその作文を「予《よ》や、其の父母に三年の愛あらんか」と結んだ時、愛はすでに孝のなかに解消されてしまったのである。そして、孝のうすい宰我の「不仁」が強調され、愛とともにまた仁も孝のなかに解消される。宰我学派はこれとは逆の思想形成をめざしていたのである。ただし、右に紹介した文のなかに、「樊遅、仁を問う。子の曰わく、人を愛す」がある。したがって、宰我学派のみならず、樊遅学派もこの問題に深くかかわっていると思われるが、その点は後《のち》に検討することにしたい。

曾子学派は、また、宰我学派のみならず子貢学派とも激しい争いのなかに入っていく。今度はどのような理由からなのだろうか。

「子の曰わく、賜《し》や、女予《なんじわ》れを以て多くを学びてこれを識《し》る者と為《な》すか、対《こた》えて曰わく、然り、非《ひ》なるか。曰わく、非なり。予《わ》れは一を以てこれを貫く」(衛霊公三)

「子貢問うて曰わく一言にして以て終身これを行なうべき者ありや。子の曰わく、其れ恕《じょ》か。己れの欲せざる所、人に施すこと勿《な》かれ」(衛霊公二四)

「子の曰わく、参《しん》よ、吾が道は一を以てこれを貫く。曾子の曰わく、唯《い》。子出ず。門人問うて曰わく、何の謂《い》いぞや。曾子の曰わく、夫子《ふうし》の道は忠恕のみ」(里仁一五)

最初に下の文から見ていこう。

孔子は謎めいた言葉を語り、曾子はただ「唯《い》」と言ってうなずき、両者は別れる。

津田は、この「禅僧の問答」のようなやりとりに対して、「弟子に対しても、このやうな説き方教へかたを、実際、孔子がしたであらうか」と、もっともな疑問を投げ(一一六ページ)、結局、これを後《のち》の時代の作文と解して、後代の儒家たちが簡略で含蓄深く見える孔子の言葉を作成し、その意義を解説することを自分たちの仕事の一つにしたのである、と判断している(二五二ページ)。なるほどと思える判断であるが、右の下段の文に限っていえば、文中の曾子自身が門人たちに謎めいた言葉の意味を解説しているので、津田の判断は適切ではない。

下段の文の真意は、曾子こそが孔子の根本精神を受け継ぐ者であることを主張することにあり、そのために、曾子の「門人」たちは、上段、子貢にかかわる文をもとにしてこの文章を作成したのであり、あえて「一を以てこれを貫く」の同一文を使うのは、上文を参考にしたからというよりも、孔子の根本を理解しなかった子貢に対して、それを理解する優れた曾子像を描くためである。

上段の二つの文は、少なくとも子貢学派にとっては、彼らの師、子貢こそが直接に孔子からその根本精神を伝授されたことを証《あか》すものとして、きわめて貴重な伝承であったに違いない。曾子学派はこれをくつがえすために、最初は孔子によって「非なり」と言われた子貢に対して、最初から「一を以てこれを貫く」奥義を理解する鋭敏な曾子像を描き、そして「恕」に対して「忠恕」をおく。その結果、「己れの欲せざる所、人に施すこと勿《な》かれ」は切り捨てられる。切り捨てられたあと、その文は曾子学派によって、どのように処理されるのであろうか。

「子貢が曰わく、我れ人の諸《こ》れを我れに加えんことを欲せざるは、我れ亦《ま》た諸《こ》れを人に加うること無からんと欲す。子の曰わく、賜《し》や、爾《なんじ》の及ぶ所に非ざるなり」（公冶長一二）

「忮《そこな》わず求めず、何を以てか臧《よ》からざらん。子路、終身これを誦《しょう》す。子の曰わく、是《こ》の道や、何ぞ以て臧《よ》しとするに足らん」（子罕二八）

歴史上の子貢は、直接に孔子から「恕」の精神を伝授されたので、それを自分の原則とし、自分の言葉にして門人たちに語ったのである。その伝承に対して、曾子学派は「賜や、爾の及ぶ所に非ざるなり」という侮蔑の言葉を付け加えた。孔子が子貢に恕の重要性を教えたのだから、孔子自身がこのように言うはずはないのである。同じパターンで、曾子学派は子路がみずからに課した原則を、孔子の口を通して否定する。

曾子学派は、儒教における彼らの正統性を主張するために、子貢学派に挑戦し、孔子の言葉を捏造《ねつぞう》してまでも平然と事実をゆがめて、彼らの師、曾子を美化しようとするのである。それでは、他方、子貢学派は儒教の内部において、どのような行動をとるのだろうか。

【注】

（1）『四書集注（上）』巻末文献表、三七三ページ。

（2）『墨子』前掲書、六三五ページ。

三　子貢学派

論語のなかには、子貢学派の手になる文章が多く残されている。それらの作成の仕方にはいくつかのパターンがある。その一つは、古くからの伝承文を改変して、子貢を美化する作文である。

「孟武伯《もうぶはく》問う、子路、仁なりや。子の曰わく、知らざるなり。子の曰わく、由《ゆう》や、千乗の国、其の賦《ふ》を治めしむべし、其の仁を知らざるなり。求《きゅう》や何如《いかん》。子の曰わく、求や、千室の邑《ゆう》、百乗の家、これが宰たらしむべし、其の仁を知らざるなり。赤《せき》や何如《いかん》。子の曰わく、赤や、束帯《そくたい》して朝《ちょう》に立ち、賓客《ひんきゃく》と言わしむべし、其の仁を知らざるなり」（公冶長八）

「季康子《きこうし》、問う、仲由《ちゅうゆう》は政に従わしむべきか。子の曰わく、由や果《か》、政に従うに於《お》いてか何か有らん。曰わく、賜《し》は政に従わしむべきか。曰わく、賜や達《たつ》、政に従うに於いてか何か有らん。曰わく、求《きゅう》は政に従わしむべきか。曰わく、求や藝《げい》あり、政に従うに於いてか何か有らん」（雍也八）

上文においては、由（子路）、求（冉有《ぜんゆう》）、赤（公西華《こうせいか》）の三名が話題になっている。子路はここでは「三軍を行う」のではなく、「賦」つまり軍用の金銭・食糧などの主計官として、官吏として、孔子に推奨されており、また赤《せき》は、かつて見たように、孔子によって斉《せい》の国への使者として選ばれたことのある人物で（雍也四）、おそらく外交官吏として優秀という評価を孔子から受けていたのであろう。いずれにしても上文が後代の創作である痕跡は見あたらない。

子貢学派は、この上文を作り変えて、下文を作成した。それは、赤《せき》の代わりに賜《し》（子貢）を孔子によって称賛された弟子として位置づけるためである。その目的を果たすために、子貢学派は、上文の、「仁なりや」・「其の仁を知らざるなり」をかき消して、代わりに「政に従わしむべきか」・「政に従うに於いてか何か有らん」の対句をおいた。なぜならば、彼らの祖師、子貢が、孔子によって「其の仁を知らざるなり」と言われては困るからである。さらに、「由や、千乗の国、其の賦を治めしむべし」、および、「求や、千室の邑、百乗の家、これが宰たらしむべし」もかき消して、「由や果」および「求や藝」を孔子が推奨する理由としておく。なぜならば、「千乗の国」や「百乗の家」という言い方は、あたかも由が求の上に立つかのごとき印象を与えるからで、子貢の自然な位置づけが難しくなる。その上で、子貢学派は「賜《し》や達《たつ》」の語を作り、赤についての伝承を抹消し、その語を下文の中央におく。つまり賜（子貢）は三名の弟子の中央に立つことになるのである。

下文が子貢学派の作文であることは、「求や藝」の語からも窺《うかが》うことができる。論語の他の箇所にも「冉求《ぜんきゅう》の藝」という称賛の言葉があるが（憲問一三）、しかしそれは論語の新層に属するもので、古層において「藝あり」は称賛の言葉ではない。

「牢《ろう》が曰わく、子云《のた》まう、吾れ試《もち》いられず、故に藝ありと」（子罕七）

この伝承文は、孔子の言葉を伝えるものとしては最も信頼できるものであろう。孔子は不遇で、それゆえ、つまらぬ才が多くあった、とみずから語ったのであり、内容の面からも、また伝承者としての牢の名が明記されていることからも、この言葉の史実性を疑う理由は何もない。

子貢学派は、「由や果」および「求や藝」とともに、みずからの祖師には「賜や達」の旗印を挙げたのであるが、その「達」について論語の他の場所にある一文で説明を試みている。

「子張問う、士何如《いか》なれば斯《こ》れこれを達《たつ》と謂《い》うべき。子の曰わく、何ぞや、爾《なんじ》の所謂《いわゆる》達とは。子張対《こた》えて曰わく、邦《くに》に在りても必ず聞こえ、家に在りても必らず聞こゆ。子の曰わく、是れ聞《ぶん》なり、達に非《あら》ざるなり。夫《そ》れ達なる者は、質直《しっちょく》にして義を好み、言を察して色を観《み》、慮《はか》って以て人に下《くだ》る。邦に在りても必らず達し、家に在りても必らず達す。夫《そ》れ聞《ぶん》なる者は、色に仁を取りて行ないは違《たが》い、これに居りて疑わず。邦に在りても必らず聞《き》こえ、家に在りても必らず聞こゆ」（顔淵二〇）

右の文のなかで、孔子は「達」をよく知っているにもかかわらず、子張に、汝のいう達とは何ぞや、とたずねる。子張が答えると、それは聞《ぶん》と達《たつ》とを取り違えていると指摘する。すなわちこの文章は、子貢学派による「達」の説明ではあるが、単なる説明ではなく、子張を祖師とする子張学派が、「聞」と「達」とを取り違える学派で、上《うわ》べの評判ばかり気にして実直さのない、人への配慮も謙虚も欠けた学派である、という攻撃の文章なのである。そして、そうであれば、子貢学派が「賜や達」の言葉を作り、旧い伝承文の赤《せき》（公西華）の代わりに子貢をおいた時、その場合にもそれは単なる偶然ではなく赤の流れを引く学派への対立意識をひそめていたことを推測せしめるであろう。

「子の曰わく、黙してこれを識《しる》し、学びて厭《いと》わず、人を誨《おし》えて倦《う》まず。何か我れに有らんや」（述而二）

「子の曰わく、聖と仁との若《ごと》きは、吾れ豈《あ》に敢《あ》えてせんや。抑々《そもそも》これを為して厭《いと》わず、人を誨《おし》えて倦《う》まずとは、則ち謂うべきのみ。公西華が曰わく、正《まさ》に唯《た》だ弟子学ぶこと能《あた》わざるなり」（述而三三）

「子貢、孔子に問いて曰わく、夫子《ふうし》は聖なるか。孔子曰わく、聖は則ち吾れ能《よ》くせず。我れは学んで厭《いと》わず教えて倦《う》まざるなり。子貢曰わく、学んで厭わざるは智なり。教えて倦まざるは仁なり。仁且《か》つ智なれば夫子は既に聖なり」（『孟子』公孫丑上篇）(1)

旧くから伝わる孔子の言葉（述而二）をもとにして、公西華（赤）学派は上文を作り、子貢学派は下文を作った。おそらく、子貢学派は上文を否定するために後《あと》から下文を作成したと思われるが、その点は確定できない。下文、子貢学派は孔子を聖人化しようとして、原伝承（述而二）に過剰な解釈を加える。それに対して上文、公西華学派は、原伝承の質朴な教師像に敬意を払い、「聖と仁との若きは、則ち吾れ豈に敢えてせんや」と孔子に語らせている。儒学の発展のなかで、孔子を聖人化しようとする動きが出るのは理解しやすい。だから問題は、なぜ、公西華学派が孔子の聖人化に反対したのかという点にある。

その理由は、論語子張篇に残るいくつかの大げさな子貢学派の作文を見れば、おおよその見当がつく。ちなみに、そのうちの一つを取りあげてみよう。

「叔孫武叔《しゅくそんぶしゅく》、大夫に朝《ちょう》に語りて曰わく、子貢は仲尼《ちゅうじ》より賢《まさ》れり。子服景伯《しふくけいはく》以て子貢に告ぐ。子貢が曰わく、諸《こ》れを宮牆《きゅうしょう》に譬《たと》うれば、賜《し》の牆や肩に及べり、室家の好《よ》きを闚《うかが》い見ん。夫子の牆や数仞《じん》、其の門を得て入らざれば、宗廟《そうびょう》の美・百官の富を見ず。其の門を得る者、或るいは寡《すくな》し。夫《か》の子《し》の云《い》うこと、亦《ま》た宜《うべ》ならずや」（子張二三）

子貢は仲尼（孔子）より優れていると告げられる。むろん子貢は謙遜し、孔子があまりに偉大なので、その偉大さを理解できる者が少なく、そのような誤解が生まれても無理もない、と、大げさな譬《たと》えで語るのである。つまりこの種の作文は、確かに孔子を極端に偉大化するのであるが、その意図は、そのように偉大な孔子を理解するのは子貢一人である、とする所にある。あえて言えば、孔子ではなくて、実は子貢の偉大化が行なわれているのである。それゆえに公西華学派は反撥した。孔子の聖人化は、儒教外部に対する儒教の挑戦であると同時に、実は、儒教内部における主流争いだったのであり、場合によってはこちらの方に主眼点がおかれていたのである。それゆえ、子貢学派のこうした創作活動に対して、その技法を熟知する他学派、おそらく公西華学派からの、短いが緻密に計算された次のような反撃文も論語に残されることになった。

「太宰《たいさい》、子貢に問いて曰わく、夫子は聖者か。何ぞ其れ多能《たのう》なる。子貢が曰わく、固《もと》より天縦《てんしょう》の将聖《しょうせい》にして、又《ま》た多能なり。子《し》これを聞きて曰わく、太宰、我れを知れる者か。吾れ少《わか》くして賤《いや》し。故に鄙事《ひじ》に多能なり。君子、多ならんや、多ならざるなり」（子罕六）

作者は、子貢学派の技法をまねて、太宰の孔子についての質問に対し、「固《もと》より天縦《てんしょう》の将聖《しょうせい》」（天の許した大聖人）という大げさな答え方を子貢にさせるのであるが、その後に、孔子の言葉をおいて、子貢ではなく太宰の方が孔子を理解しているのだ、と語らせる。そして、この作者は、論語の右の文章の隣に、先ほど紹介した古い伝承、すなわち、

「牢が曰わく、子云《のた》まう、吾れ試《もち》いられず、故に藝ありと」（子罕七）

をおく。この文は、右の「吾れ少《わか》くして賤《いや》し。故に鄙事《ひじ》に多能なり」という孔子の言葉を確認する証拠として機能する。しかし、それも当然のことなのである。なぜならば作者は、この旧い伝承をもとにして、「何ぞ其れ多能なる」というテーマの右の文章を作成したのだからである。そして、おそらく作者は、以前、旧い伝承を用いて孔子に「聖と仁との若きは、則ち吾れ豈に敢えてせんや」と語らせた公西華学派にちがいない。今の場合にも、旧い伝承を用いて、子貢学派による孔子の聖人化に反対しているからである。孔子の歴史的実像を伝える旧い伝承文は、公西華学派にとっては、孔子とともに子貢を偉大化するその学派の、あまりに勝手で途方もない創作を砕くために、貴重だったのである。

以上は、とくに孔子の聖人化をめぐる子貢学派と公西華学派との葛藤を見てきたのであるが、次に移ろう。子貢学派は、他の弟子に優越する子貢像を作成するために、弟子の比較というモチーフでの作文を行う。

「子貢問う、師《し》と商《しょう》と孰《いず》れか賢《まさ》れる。子の曰わく、師《し》や過ぎたり、商《しょう》や及ばず。曰わく、然らば則ち師は愈《まさ》れるか。子の曰わく、過ぎたるは猶《な》お及ばざるがごとし」（先進一六）

子貢の質問じたいが露骨で現実性を欠き、それに躊躇なく答える孔子像も疑問を感じさせる。子貢は「然らば則ち師は愈《まさ》れるか」とさらに質問するが、答は否である。すでに「達《たつ》」にかかわって、子貢学派が子張学派を「聞《ぶん》」として揶揄《やゆ》しているのを見たが、ここでも師（子張）と商（子夏）とを比較する文を作って、両学派を同時に揶揄しているのである。次の場合はどうであろうか。

「子、子貢に謂《い》いて曰わく、女《なんじ》と回《かい》と孰《いず》れか愈《まさ》れる。対《こた》えて曰わく、賜《し》や、何ぞ敢《あ》えて回を望まん。回や一を聞きて以て十を知る。賜や一を聞きて以て二を知る。子の曰わく、如《し》かざるなり。吾れと女《なんじ》と如かざるなり」（公冶長九）

先ほどの「師と商と孰《いず》れか賢《まさ》れる」と同じく、ここでも「女《なんじ》と回と孰れか愈《まさ》れる」という優劣の比較のモチーフである。賜《し》（子貢）は、回（顔回）に対して、自分は「一を聞きて二を知る」と一応、謙遜しているが、しかし厳密に言えば、これは謙遜ではない。子貢学派は、短命に死んだ、それゆえおそらく後継者を持たない顔回を使って、結局は子貢を孔子と同じレベルにおくのであり、この文は顔回の賛歌ではなく実は子貢の賛歌なのである。

同じ優劣の比較のモチーフであっても、次の文はニュアンスがだいぶ違う。

「子禽《しきん》、子貢に問いて曰わく、夫子《ふうし》の是《こ》の邦《くに》に至るや、必らず政《せい》を聞く。これを求めたるか、抑々《そもそも》これを与えたるか。子貢が曰わく、夫子は温良《おんりょう》　恭《きょう》　倹譲《けんじょう》、以てこれを得たり。夫子のこれを求むるや、其れ諸《こ》れ人のこれを求むるに異《こと》なるか」（学而一〇）

津田は、この文のなかに、君主が国政について「孔子の意見をきこう、いひかへると孔子の教をうけよう、としたものが、含まれてゐる」とし、そうした君主の指南者としての孔子像は後代の作成であるとしているが、加えて、「しかし、荀子や孟子の特殊な思想と明らかなつながり」がないので、「これは軽くいひこ、ろみただけのことである」

と述べている（二一七ページ）。『荀子』や『孟子』に照らして論語の言葉を含味する、という方法からの当然の帰結である。けれども、その方法だけにとどまっていると、白紙から作られた言葉に対しては、十分な解明ができず、「軽くいひこ、ろみただけのこと」という結論で終わってしまう。

右の文章は、君主の指南者として、孔子を偉大化する事じたいが問題なのではない。聖人化のばあいと同じく、偉大な孔子を一人理解する子貢像の形成が文章作成の動機なのである。その際、子禽を質問者に立て、子貢が答えるという構成をとっているが、それはもちろん子禽よりも子貢を優越させるためである。が、子禽のばあいは、赤（公西華学派）や師（子張学派）のばあいとは違って、そこに敵対関係があるわけではなく、子貢が優越するけれども両者の間には信頼関係があるふうに描かれている。そのことは、儒学内部の主流・正統をめぐる争いのなかで、子禽学派が子貢学派の側に立ち、かつ従属していたことを意味するのではあるまいか。次の、やや同じパターンの文章が、こうした推測を促すのである。

「冉有《ぜんゆう》が曰わく、夫子は衛《えい》の君を為《たす》けんか。子貢が曰わく、諾《だく》、吾れ将《まさ》にこれを問わんとす。入りて曰わく、伯夷《はくい》・叔斉《しゅくせい》は何《なん》人《びと》ぞや。曰わく、古えの賢人なり。曰わく、怨みたるか。曰わく、仁を求めて仁を得たり。又《ま》た何ぞ怨みん。出でて曰わく、夫子は為《たす》けじ」（述而一四）

冉有がたずねる。と、それを受けて、かつて「師と商と孰《いず》れか賢《まさ》れる」という、がさつな質問を孔子にしたはずの子貢が、今度は、きわめて遠まわしのソフィストケートされた質問をして、孔子の心の奥の真意をつかむのである。だから、これも子貢賛歌であり、冉有に対する子貢の知的敏捷性を描くのであるが、しかし冉有を愚か者として描いているわけではない。冉有は、子貢学派が「求や藝あり」と呼んだあの求である。子貢学派と冉有学派とは親しい関係にあったのである。ただ、子貢学派は、当然のことではあるが、みずからの祖師を、子禽のばあいと同様に冉有よりも優れているとするのである。

子貢学派は、単に子貢を美化するばかりではなく、時には他学派の祖師に直接的な悪口を浴びせる場合もある。

「柴《さい》や愚《ぐ》、参《しん》や魯《ろ》、師《し》や辟《へき》、由《ゆう》や喭《がん》」

柴（子羔《しこう》）は愚《おろ》かで、参（曾子）はにぶく、師（子張）はうわべ飾りで、由（子路）はがさつ（金谷氏の訳による）。

右の一文は、吉川幸次郎氏によれば、文というよりも音のリズムでつながっているという(2)。おそらく永く、歌のように口頭で伝承されてきたのであろう。リズムという点では、子貢学派の創作である「由や果」「賜や達」「求や藝」を想い起こさせる。そして、論語のなかの右の一文の隣には、

「子の曰わく、回や其れ庶《ちか》きか、屢々空《しばしばむな》し。賜《し》は命を受けずして貨殖《かしょく》す、億《おもんぱか》れば則ち屢々中《あた》る」（先進一九）

という子貢をほめる言葉がおかれている。したがって、あの悪口はおそらく子貢学派の人々が口にしていたに違いない。当然のことながら、そこには子貢のみならず、子禽や求（冉有）の名も現れてはこない。子禽・冉有の両学派は子貢学派と親しい関係にあるからである。ただし、「由や喭《がん》」の言葉があり、それと「由や果」とがどのように関係するのか、問題は残る。

最後に、子貢学派に対する他学派からの反撃を一つだけ紹介しておこう。

「子の曰わく、知者は惑《まど》わず、仁者は憂《うれ》えず、勇者は懼《おそ》れず」（子罕三〇）

「子の曰わく、君子の道なる者三つ。我れ能《よ》くすること無し。仁者は憂えず、知者は惑わず、勇者は懼れず。子貢が曰わく、夫子自ら道《い》うなり」（憲問三〇）

「子貢、人を方《たくら》ぶ。子の曰わく、賜《し》や、賢なるかな。夫《そ》れ我れは則ち暇《いとま》あらず」（憲問三一）

上文は旧い伝承である。子貢学派はそれを使って、下文右の文章を作った。そのこと、つまりこれが創作であることを知る者が、人に悪口を言い孔子に皮肉られる子貢像を作り、その創作文の隣においた。この、子貢学派に対する反撃が誰によるものなのかは判然としない。上の原伝承には「勇者は懼れず」の一句があり、子貢学派もためらうことなくそれを作文にとりいれている。これに対して、曾子学派は以前見たように、「暴虎馮河して死して悔いなき者」という、勇気を体現する子路の戯画像を描いたことがある。それゆえ、下文左の反撃文は曾子学派の手によるものかもしれない。あるいは、先ほどの場合のごとく公西華学派の作か。

なお、一つの文章の隣に、それへの反撃文をおくという手法に関して、一言付記しておきたい。津田によれば、論語のなかの「章のならべかたは、その内容から見れば、何の順序もないというのが一般の例である」（一二五ページ）。「ことがらまたはいひかたにおいて関係のある同じやうなものが、二章なり三章なり、並べて記してあるばあひがあちこちの篇にあるが、これは、その篇の編纂のときに、或る章を記したにつれて、それからの連想で、次の章を何かの書から写しとって来たものと考えられる」（二六四ページ）。それゆえに津田は、論語の各章を一つ一つばらばらにして、それぞれに文献史的な検討を加えていくことになる。

一般的にいえば、論語のなかの諸文章は、何の脈落もなく並存しており、津田のいうように、関連のある場合でも便宜的で内面的な結びつきがない。しかし、これまで何度か出会ってきたように、諸学派の対立のなかで、或《あ》る文章が他の文章の隣にきわめて意図的におかれる場合もある。これは、論語各篇の成立以前の段階において、諸伝承を保存する諸学派が、それぞれの機会に意図的に編集に介入したことを示すものであり、このいわば編集史的観点が津田においては希薄なのである。それゆえに彼は、前後の関連を切ってばらばらにした一行の文章を見つめながら、これだけでは何を言っているのか解《わか》りかねる、と、茫然とすることもある。

【注】
（1）述而三三、金谷氏の訳注。内野熊一郎『孟子』「新釈漢文大系4」、明治書院、一九六二年、九九ページ。
（2）吉川幸次郎『論語』中、前掲書、四七ページ。

四　子夏学派および結論

子夏が孔子の後継者の一人となったことは明らかで、論語には、

「子、子夏に謂《い》いて曰わく、女《なんじ》、君子の儒《じゅ》と為れ、小人の儒と為る無かれ」（雍也一三）

という言葉が残されている。

官吏の養成を行う孔子が、弟子に「儒となれ」と言うのは、他に例がない。ただし、

「子夏、莒父《きょほ》の宰となりて、政を問う」（子路一七）

という伝承が事実であれば、彼は一度、官吏としての実践生活に入り、その後、儒学の教師となった。これは、子貢、子張、子游、冉有などの経歴についても言えることであり、孔子が存命中で、かつ孔子学校の規模がなお小さい時代では、当然のことであっただろう。例外は曾子のみである。彼の伝承には仕官した痕跡がない。おそらく彼は孔子晩年の弟子だったのである。

子夏学派は、儒教内部において、他学派とどういう関係をもっていたのだろうか。

「子の曰わく、回や、我れを助くる者に非ざるなり。吾が言に於いて説《よろこ》ばざる所なし」（先進四）

「子夏問うて曰《い》わく、巧笑倩《こうしょうせん》たり、美目盼《はん》たり、素《そ》以て絢《あや》を為《な》すとは、何の謂いぞや。子の曰わく、絵《え》の事は素を後《のち》にす。曰わく、礼は後か。子の曰わく、予《わ》れを起こす者は商なり。始めて与《とも》に詩を言うべきのみ」(八佾八)

「子貢が曰わく、貧しくて諂《へつら》うこと無く、富みて驕《おご》ること無きは、何如《いかん》。子の曰わく、可《か》なり。未《いま》だ貧しくして道を楽しみ、富みて礼を好む者に若《し》かざるなり。子貢が曰わく、詩に云《い》う、切《せつ》するが如く磋《さ》するが如く、琢《たく》するが如く磨《ま》するが如しとは、其れ斯《こ》れを謂うか。子の曰わく、賜《し》や、始めて与《とも》に詩を言うべきのみ。諸《こ》れに往《おう》を告げて来《らい》を知る者なり」(学而一五)

十分に論証できないが、子夏学派は、最初の顔回についての旧い伝承(先進四)を念頭において、彼を越える者としての子夏像を作ったように思われる。それに対して、今度は子貢学派が、下文を作成した。下文は、詩の意味を道徳に応用した上文に対して、道徳の問答から詩の意味を解するという、やや不自然な形をとり、また「貧しくして道を楽しみ」の語は、かつて見た孔子の顔回についての称賛(雍也一一)を想い起こさせる。いずれにしても子貢学派は、「師と商と孰れか賢れる」という作文によって、商(子夏)を低めており、両学派の間に優劣をめぐる競争意識があったことは疑いないだろう。

子夏学派は、また、子游学派ともあまり良い関係ではなかったらしい。

「子游が曰わく、子夏の門人小子《しょうし》、洒掃《さいそう》応対進退に当たりては則ち可《か》なり。抑々《そもそも》末なり。これを本《もと》づくれば則ち無し。これを如何《いかん》。子夏これを聞きて曰わく、噫《ああ》、言遊過《あやま》てり。君子の道は孰《いず》れをか先きにし伝え、孰れをか後にし倦《う》まん。諸《こ》れを草木の区《く》して以て別あるに譬《たと》う。君子の道は焉《いずく》んぞ誣《し》うべけんや。始め有り卒《お》わり有る者は、其れ唯《た》だ聖人か」(子張一二)

子游学派は、子夏学派を軽蔑して、その若い門人たちが掃除や客の応待のごときつまらぬことのみに優れて、本《もと》がないと言う。子夏はそれほど冷静さを失わず、教育には順序や階梯があると言うのであり、この子夏の言葉は、後代の作成ではないのかもしれない。

子夏学派と子張学派との間にも一種の対立があった模様であるが（子張三）、子貢学派に対する場合と同様に、子夏学派の反撃文は残ってはいない。それは単に偶然の資料状況によるものなのか、それとも子夏学派の自制力を物語るのか、判断は控えねばならない。歴史上の子夏は、たとえば、

「子夏が曰わく、日々に其の亡《な》き所を知り、月々に其の能くする所を忘るること無し。学を好むと謂うべきのみ」（子張五）

などの言葉が示すように、孔子の学風を実直に受け継ぐ人物であったように思われる。一口に子夏学派といっても、この子夏が存命中のばあいと、その後では、学派の性格に変化が生じたにちがいない。少くとも、子夏がいる間では他学派の祖師に対して、作文による攻撃というようなことは起こりそうにもない。しかし、子夏没後、歳月が流れ、また外部の事情も変化すると、子夏学派はとりわけ樊遅《はんち》学派に対して先鋭な対立を引き起こしていくことになる。

「樊遅、知を問う。子の曰く、民の義を務め、鬼神を敬してこれを遠ざく、知と謂うべし。仁を問う。曰わく、仁者は難きを先きにして獲《う》るを後《のち》にす、仁と謂うべし」（雍也二二）

「哀公問うて曰わく、何を為《な》さば則ち民《たみ》服せん。孔子対《こた》え

「樊遅従いて舞雩《ぶう》の下《もと》に遊ぶ。曰わく、敢《あ》えて徳を崇《たか》くし慝《とく》を脩《おさ》め惑《まど》いを弁ぜんことを問う。子の曰く、善いかな、問うこと。事を先きにして得ることを後にするは、徳を崇くするに非ずや。其の悪を攻《せ》めて人の悪を攻むること無きは、慝を修むるに非ずや。一朝の忿《いきどお》りに其の身を忘れて以て其の親《しん》に及ぼすは、惑いに非ずや」（顔淵二一）

「樊遅、仁を問う。子の曰わく、人を愛す。知を問う。子

て曰わく、直きを挙げて諸《こ》れを枉《まが》れるに錯《お》けば則ち民服す。枉れるを挙げて諸れを直きに錯けば則ち民服せず」（為政一九）

の曰わく、人を知る。樊遅未だ達せず。子の曰わく、直きを挙げて諸《こ》れを枉《まが》れるに錯《お》けば、能く枉れる者を直からしめん。樊遅退きて子夏に見《まみ》えて曰わく、嚮《さき》に吾れ夫子《ふうし》に見《まみ》えて知を問う。子の曰わく、直きを挙げて諸れを枉れるに錯けば、能く枉れる者をして直からしめんと。何の謂《い》いぞや。子夏が曰わく、富めるかな、是の言や。舜《しゅん》、天下を有《たも》ち、衆に選んで皐陶《こうよう》を挙げしかば、不仁者は遠ざかれり。湯《とう》、天下を有ち、衆に選んで伊尹《いいん》を挙げしかば、不仁者は遠ざかれり」（顔淵二二）

樊遅学派は、彼らの保存する樊遅と孔子の問答である上文右の旧い伝承文（雍也二二）を大幅に拡充して、下文右の文章（顔淵二二）を作成した。そのことは、「樊遅従いて舞雩の下に遊ぶ」という舞台設定、「子の曰わく、善いかな、問うこと」という称賛、「事を先きにして得ることを後にする」という上文からの引用に近い一句から明らかであろう。そして樊遅学派は、「其の悪を攻めて人の悪を攻めること無き」という意義深い思想をも提出するのである。

これに対して、子夏学派は、下文左を作成してその隣におく。

子夏学派も、下文右のみならず、上文右の旧い伝承を知っていたことは確かである。ただし、上文の、「知を問う」・「仁を問う」の順序を逆にし、さらに、「鬼神を敬してこれを遠ざく、知と謂うべし」を独特に解釈して、知《ち》を「人を知《し》る」の一言におきかえる。その論理は、鬼神を遠ざけることが知《ち》であるのだから、言いかえれば、鬼神ならざる人を知《し》ることが知《ち》なのだ、というふうなものである。そして「人を知る」の意味を、人材の登用にかかわる意味へと誘導し、上文左の、やはり旧い伝承文を使って、愚かな樊遅に対して賢明な子夏を対比させ、皐陶《こうよう》や伊尹《いいん》のような直き優秀な人材を挙げれば「不仁者は遠ざかれり」と二度にわたって子夏に語らせるのである。すなわち最初の、「樊遅、仁を問う、子の曰わく、人を愛す」を内容的に異なる方向へ導く。本来この言葉は、樊遅学派にとっては、「其の悪を攻めて人の悪を攻めること無き」というような意味であっただろうし、おそらくは墨子学派の影響を示す言葉であっただろう。以前見たように、孔子にとって仁とは、身分的・人間的諸関係の結節点に立つ士が、それらすべての諸関係の幸福な結合を実現するために、起こりうる矛盾や対立をわが身一つに担う覚悟、わが身を犠牲にする決意という意味を帯びていた。樊遅学派はこの仁を無差別の愛という概念によって深めようとした。この、仁とは「人を愛す」とする樊遅学派に対して、子夏学派は、直きを挙げれば「不仁者は遠ざかれり」で対抗する。この対抗意識は、思想的な対話ではなく、侮蔑と嘲笑となって噴出する。

「樊遅《はんち》、稼《か》を学ばんと請《こ》う。子の曰わく、吾れ老農に如《し》かず。圃《ほ》を為《つく》ることを学ばんと請う。曰わく、吾れは老圃に如《し》かず。樊遅出ず。子の曰わく、小人なるかな、樊須《はんす》や。上《かみ》礼を好めば、則ち民は敢《あ》えて敬せざること莫《な》し。上《かみ》義を好めば、則ち民は敢《あ》えて服せざること莫し。上《かみ》信を好めば、則ち民は敢えて情を用いざること莫し。夫れ是《か》くの如くんば、則ち四方の民は其の子を襁負《きょうふ》して至らん。焉《いず》くんぞ稼を用いん」（子路四）

謹言実直を旨《むね》とする官吏学校において、ハンスこと樊遅は、穀物作りを学びたいと願い、先生に、わたしゃ年寄りの農民に及ばないよと言われ、野菜作りを学びたいと願い、わたしゃ年寄りの畑作りに及ばないよ、と言われて、すごすごと退出する。愚かなハンスよ。

これが子夏学派の作文であることは明白である。先ほどの「人を愛す」対「直きを挙げ」の場合と同じように、ここでも、「上《かみ》礼を好めば」「上義を好めば」「上信を好めば」が繰り返され、農業を学ぼうとするハンスに対して、身分上の「上《かみ》」のあり方が強調されているからである。

なぜ子夏学派の作文のなかで、樊遅は農業を学びたいと願い、孔子に軽蔑されるのか。

樊遅学派は、祖師樊遅の伝える孔子の言葉「民の義を務め」（雍也二二）をしっかりと受けとめ、かつ、身分的な上下関係にかかわらず、ひろく「人を愛す」を、仁の内容と解釈したのであるが、このいわば平民主義的な愛の立場が、子夏学派にとってはきわめて危険な思想と受けとられ、樊遅は農業を学ぼうとする「小人」と描写されたうえで、「上《かみ》」が礼、義、信であれば、民はそれだけで幸福になるのだ、と、拒絶されたのである。

なお、右の作文は、曾子学派による宰我像をモデルにしている。「節葬」をめぐる問題で、宰我は孔子との問答のあと、「宰我出《い》ず。子の曰わく、予の不仁なるや。」と描かれるが、ここでも、「樊遅出《い》ず。子の曰わく、小人なるかな樊須や。」となっている。正確には、どちらが先か後か分からないが、いずれにしても曾子学派と子夏学派とは、墨子の影響を受ける宰我・樊遅の両学派に対して、仲間関係を作り、

「子の曰わく、異端を攻《おさ》むるは斯れ害のみ」（為政一六）

という旗を挙《かか》げたのである。

その結果、「言語には宰我・子貢」と言われたほどの宰我と、その後継者たちの伝承はすべて抹消され、また先ほどの引用ともう一つの文を除いて、樊遅学派の思想的努力を伝える伝承もかき消されてしまった。そのもう一つの文とは次のものである。


「樊遅、仁を問う。子の曰わく、居処《きょしょ》は恭《きょう》に、事を執りて敬に、人に与《まじわ》りて忠なること、夷狄《いてき》に之《ゆ》くと雖《いえ》ども、棄《す》つべからざるなり」（子路一九）

樊遅学派の根本テーマは仁である。彼らとても儒学の一派なのだから、先ほどの「一朝の忿りに其の身を忘れて以て其の親に及ぼすは、惑いに非ずや」（顔淵二一）のなかの「親」の尊重と同様に、ここでも「居所は恭」（家におけ

るうやうやしさ）が最初にくるが、しかし忠の概念が大幅に改造される。

忠は、以前見たように、身分的に上の者への孝的性格を帯びる誠実性であったが、仁を「人を愛す」とする樊遅学派は、そうした限界を越えて、人への無差別な誠実性、しかも夷狄における人への誠実性というほどまでに忠の倫理内容を深めていくのである。が、その思想的な営みも、子夏学派の攻撃によって途絶えてしまった。樊遅学派は、子夏学派に対していかなる反撃文も残してはいないし、何も伝わってはいない。それは彼らが「人を愛す」を実践したからなのか。


さて、以上において、儒教内部の諸学派の対立する様相を見てきたのであるが、これ以外にも子張学派など他学派と争うグループがあるとはいえ、もはやそうした対立の跡《あと》を追うのはやめて、対立の性格について簡単に考察しておきたい。

孔子の教えは多くの弟子たちを通じて後《のち》の世代に伝えられた。弟子たちを祖師とする諸学派が、孔子の教えの受けとめ方において、差異をもつのはむしろ当然のことであっただろうが、これまで見てきた事例からすれば、この差異が、相互の対話によって、思想的に深められたとは決していえない。孔子没後、とりわけ第三世代以後、諸学派は儒教内部での優劣、いわば主流争い、勢力争いをめぐって、激しく抗争を繰り広げていき、古い伝承文の改変、他学派の祖師の戯画化、時には罵倒や嘲笑も行う。彼らにとって権威の源泉は、孔子なのであるから、他学派を反駁するに際して「吾が聞く所に異なれり」（子張三）とか、あるいは「吾れ諸《こ》れを夫子に聞けり」（子張一七、一八）などの言い方が現れるし、さらには孔子その人の言葉を捏造《ねつぞう》して、多くの作文がなされる。つまりここには思想的な対話性がない。唯一の例外は、宰我および樊遅の両学派をめぐる争いであるが、儒教外部の墨子学派と思想的な対話を試みる両学派に対して、儒教内部からの攻撃がなされ、結局、内部においても外部に対しても、開かれた対話性は閉ざされてしまう。その結果、孝ばかりを強調する思想的に狭隘《きょうあい》な曾子学派や、思想性なき孔子の聖人化を進める子貢学派などが、しだいに勢力を拡大していくのであるが、その原因の一つは、「聞く」というプタハヘテプ的倫理を共有する孔子学校の性格にも根ざしているであろう。こうして、諸学派の対立は、思想的不毛性を濃くしていくが、この対立は、曾子学派と子夏学派のばあいのように、仲間関係の形成をも導く。戦うために仲間を作るのである。したがって、諸学派の対立の性格は、同時に仲間関係の形成との関連においても検討されなければならない。この点を知る最もよい材料は、論語の最初に置かれた学而篇の構成である。

論語の編集史を研究する木村英一氏は、学而篇の最初の文と最後の文との間に「或る種の照應」があることを指摘している(1)。実際、そのとおりで、次のページの一と十六は孔子の同じメッセージを含む言葉である。このことは、学而篇が孔子の言葉によって囲まれた一つのまとまりであることを示していて、この囲い込み（インクルージオ）という編集の仕方は、旧約聖書や原始仏教聖典などのなかの諸伝承においても、時折、見受けられるものである。

囲い込みは、学而篇の内部編成にもあらわれる。

まず眼につくのは、曾子の言葉を伝える四と九、および子貢についての作文一〇と一五である。

孔子のばあい（五と六）、とりわけ有子のばあい（一二と一三）、同一人物の言葉なので並置されているが、曾子と子貢のばあいは切り離されていて、それぞれ他の人の四つの文を内にふくんでいる。おそらくこれは偶然ではない。すでに見たように、子夏学派は曾子学派と同盟関係を結んでいたことがあり、かつ両学派は優劣を競う主流争いにおいて、子貢学派と対立していた。したがって、学而篇の内部編成において、曾子・子夏グループと子貢・有子グループとが区分けされて、それぞれがインクルージオで囲まれているように思える。そのもう一つの形式的な論拠は、有子二、曾子四、子夏七、有子一二と一三、子貢一五、いずれも孔子の言葉によって挟《はさ》まれているのに対して、曾子九と子貢一〇との間に孔子の言葉がおかれてはいないことである。あえて言えば、この空白は、両グループの間に調停者たる孔子が存在しないことを意味しているように思える。もちろん、両グループはその対立関係をもちながらも、

一　子　「朋《とも》あり」「人知らずして慍《うら》みず」
二　有子
三　子
四　曾子　「朋友《ほうゆう》と交わりて信」
五　子　「用を節して人を愛し」
六　子　「汎《ひろ》く衆を愛して仁に親しみ」
七　子夏　「朋友と交わるに言いて信」
八　子　「己《おの》れに如《し》かざる者を友とすること無かれ」
九　曾子
一〇　子禽、子貢に問いて……子貢が曰わく
一一　子
一二　有子　「礼の用は和を貴《たつと》しと為《な》す」
一三　有子　「信、義に近づけば、言復《げんふ》むべし」
一四　子
一五　子貢
一六　子　「人の己れを知らざることを患《うれ》えず」

全体としては学而篇の最初と最後のインクルージオのなかにいる。いわば「孔氏」（憲問四〇）の成員である。が、その内部において、曾子九と子貢一〇との間に一線が画されているように思われるのである。

以上のようであるとすると、学而篇の構成は、対立する二グループ・四学派が、ある時、何かの理由で、結集したことを示しているように思われる。孔子を別にして、登場人物はすべて諸学派の祖師としてあらわれる。論語のなかには、彼らと孔子との問答が数多くあるが、ここではそれらが一切排除され、彼らは子《し》として登場し、子貢のばあいにもその学派による祖師への賛歌である。子夏および子貢が子と呼ばれないのは、おそらく彼ら自身が、子を孔子のみとする考えから、そう呼ぶことを禁じたからかもしれない。いずれにしても今や対立する二グループは、対立を内にふくみながらも仲間関係を作った。その際、曾子・子夏グループは、「朋友」に関わる祖師の言葉を選んだように思えるが、確かではない。それよりも問

題なのは、学而篇における有子の比重である。彼の言葉は、学而篇のなかに三つあり、他の弟子よりも多く、しかも最初の孔子の次に彼の言葉がくる。論語全体のなかの彼の言葉は他に一つあるにすぎず（顔淵九）、それほど勢力ある学派であったように思われない。それなのになぜなのか。おそらく有子学派は子貢学派の側にあったけれども、曾子学派グループに対して、調停者の役割を努めたのではあるまいか。そして調停は成功して労は報いられた。ただし、曾子のインクルージオの最後から二番目で、「己れに如かざる者を友とすること無かれ」という孔子の言葉が採《と》られているのは、この成功がなお外面的で心からのものではなく、その後《あと》に続く子貢グループに対する嫌味《いやみ》がなおくすぶっていることを示すのかもしれないが、これは単なる推測である。

内容の面で問題なのは、「用を節して人を愛し」および「汎く衆を愛して仁に親しみ」という、これまで問題にしてきた句をふくむ言葉が、五と六で並置され、かつ曾子と子夏とによって囲まれていることである。これは何を意味するのか。再び単なる推測にとどまるが、墨子の影響を示すこれらの句が、今や、曾子・子夏学派的な意味での「朋友」内部にのみ通用されるものになり、宰我・樊遅学派における思想的な尖鋭性・創造性を失ったこと、言いかえればこの両学派がすでに壊滅してしまったことを意味するのではあるまいか。

学而篇は、対立する曾子・子貢グループが、対立を内に含みながら、結集して仲間関係を作ったことを物語るけれども、それは、たとえば子張学派のごとき共同の敵に対するものであったかもしれないし、あるいは、少くとも学而篇が論語の最初におかれた時点では、儒教外部の思想集団に対して、対抗結集したことを示すのかもしれない。いずれにしてもそれは友と敵という関係そのものを突破するものではない。

以上、長く迂回して原始儒教諸学派の相互の関係と行動を見てきたが、ここで最初の問題に帰り、一応の結論を出して締めくくりたい。

曾子の教え「犯されても校《むく》いず」の射程距離、その深さが問題であったが、これまで見てきたことからすれば、この無抵抗主義は学派内部に限られて成立し、他に対して攻撃のための内なる共同性として機能する。むろん複数の学派が共同体を作る場合がある。しかしその場合でも、共同体の内部に対立性が残され、かつ外部との敵対関係においてこの共同体は成り立つ。孔子を中心にして、儒教諸学派は一つの家を形成するけれども、その内部において諸学派もまたそれぞれの家をなし、相互に対立し、またそのために外面的な仲間関係も作る。この対立の主要な原因は勢力争いである。おそらく、一つの学派内部においても、派閥的な勢力争いがあったかもしれない、それゆえにこそ、曾子は無抵抗主義を門人たちに教えるのであろう。しかし、この理念は、家々の重層的ヒエラルキーという家産制的システムを分有する儒教学派の世界においては、それぞれのレベルの学派（家）的枠組みの中に閉じ込められてしまっているのであって、それを越えようとした宰我・樊遅学派は全体としての家の外に追放されたのであった。

古代オリエントについては論じることができなかったが、原始儒教のケースから推測すれば、その無抵抗主義の理念においても、深刻な限界性が刻印されていた可能性が強いと思われる。

【注】

（1）木村英一『孔子と論語』創文社、一九七一年、二四五、二五二ページ

四章

孔子における礼・天・道

原始儒教における無抵抗主義の理念は、内外の争いを克服する普遍主義的な倫理ではなかった。国家秩序が崩れていき、戦国時代を近くに控える春秋末期、孔子もこの理念によって帝国の平和を実現しようとしたわけではなかった。それではどのような思想によって、孔子は崩れいく秩序を守ろうとしたのであろうか。こうした政治思想史的観点から、孔子における礼・天・道の諸観念について検討してみたい。これらの諸観念は、その後の東洋的精神の形成に大きな影響を与えたものでもある。これまでは基本的には、孔子学派の思想と古代オリエントの官吏の思想との共通性を中心に眺めてきたが、最後に、古代オリエントとは別の道をたどる孔子の独自性、したがって東洋の独自性について、これら諸観念に関わる限りにおいて反省を加えてみたい。

一　礼

論語は、孝、忠、信、仁など、身分倫理について多くを語っているが、それと同時に、人と人との外形的なあり方について、つまり礼についても多くを語っている。

いつの時代、いかなる社会においても、さまざまな礼が存在する。時には、煩《わずら》わしく、人間の自然な感情の発露を抑《おさ》え、外面への適応というその性格ゆえに、礼は人の表情を隠す仮面となって人間信頼への懐疑主義を生むことさえあるが、他方では人間関係をスムーズにし、無限に変転する諸状況のなかで、変わらぬ安定した秩序を作り出してもいる。とりわけ、身分関係の厳しい社会では、礼は複雑になり、人と人とに関わる行為のすみずみにまで及んでいく。

「汝より年上の者や、地位が上の者が立っている時、坐《すわ》ってはならぬ」(Ani, 19, 10-11)
「席《せき》ただしからざれば、坐せず」（郷党九）

論語郷党篇のなかの孔子は、状況の違いに応じた振る舞い方、話し方、顔つき、状況の違いに応じた衣服の選択、着衣の仕方、あるいは食事の作法、宮廷の門のくぐり方など、こうした限りない礼の模範者として描かれ、したがって孔子にたいして「——如《じょ》たり」という外形を映す表現が多用されている。もちろん、こうした孔子像は、津田の指摘するように、後《のち》の作であろうが（二七三ページ）、歴史上の孔子も礼を重んじたことは確かである。社会における秩序は、限りない礼の集積によって成り立っているのだから、それも不思議なことではないが、しかし歴史上の孔子は、たとえば、テーブル・マナーのごとき作法を問題にしたのではなく、帝国の秩序にかかわる祭儀的な礼に全精神

一　孔子、季氏《きし》を謂《い》わく、八佾《いつ》、庭《てい》に舞わす、是れをも忍ぶべくんば、孰《いず》れをか忍ぶべからざらん。

二　三家者《さんかしゃ》、雍《よう》を以て徹《てつ》す。子の曰わく、相《たす》くるは維《こ》れ辟公《へき》、天子穆穆《ぼくぼく》と。奚《なん》ぞ三家の堂に取らん。

三　子の曰わく、人にして仁ならずんば、礼を如何《いかん》。人にして仁ならずんば、楽《がく》を如何。

四　林放《りんぽう》、礼の本を問う、子の曰わく、大なるかな問うこと。礼は其の奢《おご》らんよりは寧《むし》ろ倹《けん》せよ。喪《も》は其の易《おさ》めんよりは寧ろ戚《いた》め。

五　子の曰わく、夷狄《いてき》の君あるは、諸夏《しょか》の亡《な》きに如《し》かざるなり。

六　季氏、泰山《たいざん》に旅《りょ》す。子、冉有《ぜんゆう》に謂《い》いて曰わく、女《なんじ》救うこと能《あた》わざるか。対《こた》えて曰わく、能わず。子の曰わく、嗚呼《ああ》、曾《すなわ》ち泰山を林放にも如《し》かずと謂《おも》えるか。

を集中したのであって、その具体的な例は、八佾《はちいつ》篇の最初の部分にうかがうことができる。金谷氏による仮名交じり文でそれを読んでみよう。

八佾篇の一から六までは、学而篇と同じように、囲い込み（インクルージオ）による一《ひと》まとまりの編集文である。最初の文は、魯国の卿（家老・大臣）である季氏が、身分不相応に、天子のみに許される八列の舞いの祭儀を行ったことに対して、孔子が批判しているのであるが、最後の文も、同じ季氏が、身分不相応に、諸侯のみに許される山川の旅《りょ》の祭儀を行おうとするのに対して、孔子が批判しているのであり、内容上、両者は緊密な対応関係にある。

この囲い込みの内部、その中央にある三と四とは、礼の根本を、その外形よりも、仁や心情にあるとするもので、ここでも両者は緊密な対応関係にあり、かつ、両者は一体となって祭儀や礼のあり方に対して基準としての位置をしめるのである。つまり、ここに照準を合わせると、たとえば一と六で、なぜ孔子が季氏を批判するのか、理解可能になる。季氏は身分不相応な祭儀を強行することにおいて、礼の根本にあるべき仁やまごころを欠いているのである。

今では誰なのか分からぬ見えざる編集者は、旧い伝承を一つのまとまりに編成し、編集という仕方で無言のうちに以上のことを語っているのであるが、しかし津田によれば、八佾篇の一から六の文章は、歴史上の孔子の言葉ではなく後代に作成されたもので、しかもそれぞれが関連なくばらばらにならんでいるにすぎぬ、という。津田において、編集史的方法が欠落している点については、すでに指摘したことがあるが、しかしその一般論で津田説を避けるのはやめ、八佾篇の一から六まで、一つ一つ、津田の主張に検討を加えながら、内容の解釈を深めていきたい。一体なぜ彼は、これらの文を後代の作と考えるのか、そして、編集史的方法が欠落するとどのような問題が生じるのか。

まず八佾篇一について。

津田も、社会的政治的な身分の違いに応じて、礼の違いが生じることを認めるのであるが、しかし、天子、諸侯、臣下、それぞれの礼の違いが厳格な制度として成立したのは、自然に生じたものではなく思想の上のことであり、その思想は後代の荀子にもとづくとする（一七三ページ）。けれども、荀子以前、いや孔子以前の中国の現実においても、天子、諸侯、臣下など、身分の違いに応じて祭儀資格を異なる仕方で分かちあっていたと考えることは、それほど不自然であるとは思えない。天子は、ウェーバーの言葉を借りれば、帝国における「正当なる最高祭司」（der legitime Oberpriester）の地位を占めていた(1)。古代社会においては、中国に限らず、政治的・官職的地位と祭儀資格とが、むしろパラレルにおかれることの方が普通である。かつて紹介したことのあるメソポタミアの神義論『われ知恵の主を賛美する』においても、政治的地位と祭儀資格とは対応関係におかれている。

一〇三　彼らは、わたしの職務（par-ṣi-ia）を他の者に取らせ、
一〇四　わたしの祭儀的地位（pil-lu-di-ia）に、よそ者を任命した。

おそらく、荀子の思想以前において、中国でもメソポタミアでも、政治的地位と祭儀的地位とは対応関係におかれていたのであろう。それゆえに、メソポタミアでは、政治的地位を失うことは、祭儀的地位をも失うことを意味した。これに対して、孔子の独自性は、天子や諸侯が現実政治において実権を失っても、その祭儀的地位は尊重し、全中国を祭儀的秩序のなかに収めようとしたことにあると思われる。そうすれば、政治的軍事的な権力の担い手が拡散したにしても、帝国の平和を守ることができるからである。それゆえに孔子は、新興の権力者である季氏が、いわばメソポタミア的方向に進み、「八佾、庭に舞わす」ことに怒りを激しくし、「正当なる最高祭司」としての天子の祭儀的地位を守ろうとしたのではないか、と思われる。

次に八佾篇二について。

「三家者《さんかしゃ》、雍《よう》を以て徹《てつ》す。子の曰わく、相《たす》くるは維《こ》れ辟公《へきこう》、天子穆穆《ぼくぼく》と。奚《なん》ぞ三家の堂に取らん」（三家では〔廟《おたまや》の祭りに〕雍の歌で供物をささげていた。先生はいわれた、「〔その歌の文句には〕『助くるものは諸侯たち、天子はうるわしく。』とある。どうして三家の堂に用いられようか。」——金谷氏の訳）

テーマは八佾篇一と同じである。魯国の実力者である孟孫・叔孫・季孫の三卿が、天子の祭儀資格をおかしていることを批判する。

津田は、「雍の歌」が『詩経』からのものであり、そして『詩経』が後代に作成されたものであると考えるので、八佾篇二を歴史上の孔子の言葉を伝えるものとは見ない（二〇〇—一ページ）。

現在の形の『詩経』が津田の言うごとくであるとしても、松本雅明氏の研究によれば、『詩経』はさまざまな文学的ジャンルの古代歌謡をふくみ、孔子時代のはるか以前から永い年月をかけて集積されてきたものであるらしく[2]、したがって、孔子とその時代が「雍の歌」を知っていたとしても、ありえないことではない。つまり『詩経』編纂の時期と、その内容の伝承過程とは区別して考えるべきで、その点、津田の判断は十分な適確性を欠く。

なお、論語のなかには、八佾篇の一と二にテーマ的に共通する孔子の言葉が残されている。それは臧文仲《ぞうぶんちゅう》という

人物に関するもので、

「子の曰わく、臧文仲は其れ位を竊《ぬす》める者か、柳下恵《りゅうかけい》の賢を知りて与《とも》に立たず」（衛霊公一四）

とあり、さらに、

「子の曰わく、臧文仲、蔡《さい》を居《お》く。節を山にし梲《せつ》を藻《も》にす、如何《いかん》ぞ其れ知ならん」（先生がいわれた、「臧文仲はト《うらない》に使う大亀甲《きっこう》をしまっていたし、柱の上のますがたに山をほり、梁《はり》の上の短い柱に藻《も》を描い〔て天子でなければできないことをし〕た。どうかな、それで智者だとは。」――金谷氏の訳）（公冶長一八）

とある。もちろん確定的なことは言えないが、八佾篇一と二や、右の言葉は、天子や諸侯が権力を失った孔子時代によく合っているので、それらを歴史上の孔子の言葉として受け容れるのが穏当であるように思われる。

次に八佾篇三について。

「子の曰わく、人にして仁ならずんば、礼を如何。人にして仁ならずんば、楽《がく》を如何」

この文章は、礼と楽のみを別にして、同一文の繰り返しから成っている。それをどのように受けとめるべきなのか。津田は、それを礼と楽とがセットであることを語るものと解し、「礼楽が先王の作ったものとする荀子の思想」がここにあると考える（一六八ページ以下）。つまり、歴史上の孔子の言葉ではないという。けれども、形式の面からいえば、まず、「人にして仁ならずんば、礼を如何」という言葉の旧い伝承があり、それにもとづいて後《のち》に、「人にして仁ならずんば、楽を如何」という言葉が作られ、旧い伝承に付加された可能性も考えられる。内容の面で問題なのは、津田自身が、「荀子は、礼を外から興えられた生活の規範としている」（一七二ページ）と指摘しているにもかかわらず、八佾篇三の言葉は、礼の外形性よりも仁の内面性を強調していることである。荀子が礼によって人間を外側から規律しようとしていたのであれば、「人にして仁ならずんば、礼を如何」というふうな言い方をするだろうか。おそらく津田もこうした矛盾を感じていたはずで、したがって次の八佾篇四に進むと彼の立場はやや錯綜してくることになる。

八佾篇四について。

「林放《りんぽう》、礼の本《もと》を問う。子の曰わく、大なるかな問うこと。礼は其の奢《おご》らんよりは寧《むし》ろ倹《けん》せよ。喪《も》は其の易《おさ》めんよりは寧ろ戚《いた》め」

津田はこの言葉について、

「儀礼の外形がむつかしくいはれこまかに定められた後になって、さういふ外形よりも精神が本である、といふことをいった」（一八一ページ）

と解する。一つ前の八佾篇三では、「人にして仁ならずんば、礼を如何」という仁の強調にもかかわらず、津田はこれを荀子の思想とした。今、この四では、「外形よりも精神が本である」という同じような主張に対して、礼の外形を重んじる荀子的あり方への後代の反省として解釈する。

おそらく津田は、三と四とを完全に切り離し、それぞれが別の時代に作られたもので、ただ便宜的に隣り合わせにおかれているにすぎぬと考えるので、右のような二通《ふた》りの解釈を調和させようとはしないのだろう。けれどもそれでは、同じ思想に対して、荀子のものでもあり、それに反発する後《のち》の時代のものでもある、という不透明な結果に陥ることになる。

そもそも孔子その人において、礼の本としての精神ないし心情という思想は存在しなかったのだろうか。津田から離れて、論語のなかにこの点を調べてみたい。

八佾篇四の内容は、「礼は其の奢らんよりは寧ろ倹せよ」という第一句と、「喪は其の易《おさ》めんよりはむしろ戚《いた》め」という第二句から成っている。まず後者、第二句にかかわる言葉を拾ってみると、

「子游が曰わく、喪《も》は哀《あい》を致《いた》して止《や》む」（子張一四）

「子の曰わく、上《かみ》にいて寛《かん》ならず、礼を為《な》して敬せず、喪に臨《のぞ》みて哀《かな》しまずんば、吾れ何を以てかこれを観《み》んや」（八佾二六）

などがあり、また「喪には哀を思う」（子張一）という言葉もある。また、第一句に関係するものとしては、「子の曰わく、奢《おご》れば則ち不孫《ふそん》、倹なれば則ち固《いや》し。其の不孫ならんよりは寧《むし》ろ固《いや》しかれ」（述而三五）という言葉がある。この言葉は、第一句の、「奢《おご》らんよりは寧ろ倹せよ」という言葉に対するいわば注解として作られたように思われる。すなわち、なぜ、「奢らんよりは寧ろ倹せよ」なのか、と、後《のち》の時代、孔子の言葉について探究が行われ、その結果、「奢れば即ち不孫、倹なれば則ち固し」と考察され、かつ、「不孫ならんよりは寧ろ固しかれ」を孔子の真意と解したのではないか。

しかし、方法論としていえば、八佾篇の三と四に近い言葉を拾い出しても、はっきりしたことは何もいえない。すべてが後《のち》の時代の創作かもしれない。今の問題に限れば、歴史上の孔子の世界に至るための別の道がある。それは歴史上の子貢と孔子の行動である。

「子貢、告朔《こくさく》の餼羊《きよう》を去らんと欲す。子の曰わく、賜《し》や、女《なんじ》は其の羊を愛《おし》む、我れは其の礼を愛《おし》む。」（八佾一七）

この文章は、子貢を美化する子貢学派の作文ではなく、また他学派による子貢の戯画化でもない。むしろ歴史上の子貢と孔子との間に、礼に関する微妙な態度のずれのあったことを伝えるもので、おそらく子貢自身が、孔子に言われた言葉を、みずからの弟子たちに伝えたのであろう。

子貢は、この時、告朔（月ごとの初めを宗廟に報告する礼）に関係する官吏であったのだろうが、彼はその礼が形骸化しているので、羊を供えることをやめようとした。一見すると、子貢の行動はむだを省く合理主義者の行動にすぎぬように見えるが、それだけではなく彼は、礼の本は精神と心情であるという孔子の教え、八佾篇三と四などに表現される孔子の教えを知っており、それに忠実に従おうとしたのであった。ところが、驚いたことには、当の孔子が、たとえ形骸化していても、「女《なんじ》は其の羊を愛《おし》む、我れは其の礼を愛む」と言ったので、その言葉は子貢の心に焼きついて記憶され、門人たちに伝えられた。孔子に忠実な子貢は、その言葉の意味を深く考えたにちがいないし、やがてその意味を理解して門人たちに語ったのであろう。

孔子は確かに、精神や心がこもっていなければ、礼に意味はないと常に語っていたのである。しかし精神や心のない礼は捨ててもよい、と言ったわけではない。社会の秩序、平和な人間関係は、たとえ形だけであっても、礼を維持し尊重することによって成り立つ。精神や心が第一であるけれども、社会秩序に責任をもつ官吏のあり方として、子貢の行動は十分ではない、と孔子は判断したのである。おそらく、その時、孔子は次のようなことを言った。

「子貢、問うて曰わく、賜《し》や如何《いかん》。子の曰わく、女《なんじ》は器《うつわ》なり。曰わく、何の器ぞや。曰わく瑚璉《これん》なり」（公冶長四）

この文章は、伝承過程において子貢学派による加工を受けていると思われるが、その点は別として、子貢が孔子に「女《なんじ》は器なり」と言われたことは事実にさかのぼるであろう。

瑚璉《これん》は宗廟での供え物を盛る器であるから、子貢が祭儀にかかわる官吏であったことと関係する。子貢は礼の外形ではなく心を重んじる孔子の教えに忠実であったが、礼秩序の再興ではなく廃止によって礼の形骸化に対応しようとした。それは孔子からすれば、視野の狭い、器物としての限界のなかにある。「君子は器ならず」（為政一二）という基準からすれば子貢はなお君子たりえないのである。

礼の本についての八佾四に関しては以上にとどめ、再び元に戻って次に進もう。

八佾篇五について。

「子の曰わく、夷狄《いてき》の君あるは、諸夏《しょか》の亡《な》きに如《し》かざるなり」

孔子の思想を知る上で、この文章は短いが意味深く思える。しかし、津田は、「そのことばだけでは、どういう考えでいはれているのか、何ごとがいはれてゐるのかわかりかねるやうなもの」（一一五ページ）、そのようなものの一例として、簡単に通り過ぎていく。それは彼が、論語各篇のことばの配列を、「きれ〴〵の多くの章を順序もなくならべてゆくといふ編纂の方法」による（二七四ページ）、とする当然の結果である。多くの場合、確かに、この、いわば方法なき方法という編纂が見られる。けれども、論語は永い年月をかけ、一本の樹木が成長するように、諸伝承が何段階かの過程を経てようやく一つにまとまったもので、その過程の一《ひと》こま一こまにおいて、時には、意図的に一つにまとめられた文書も存在する。今の場合がそうである。意図的に編集された文書枠組みのなかで八佾篇五の文章を見れば、その意味はおのずから明らかとなる。すでに徂徠は、この文を前後の脈絡のなかで読み、適切な解釈をほどこして言う、

「諸夏は諸侯の国なり。是れ聖人の礼儀を貴ぶなり。君ありといへども而《しか》も礼儀なければ、是れその禽獣を去ること遠からず。孔子の時、諸夏、君ありといへども猶《な》ほ亡《な》きがごとく之れ然《しか》り。然れども先王の澤、斬《た》えず、礼儀尚《な》ほ存せり。ゆえに孔子は以て之（夷狄）に勝れりと為す」

と。徂徠は、八佾篇五の文を、礼儀があるかないかという観点から解釈しているが、この解釈は今のばあい編集史的方法から十分に承認することができるのである。

徂徠を敷衍《ふえん》していえば、中国は夷狄とは違って礼儀をもっているが、人と禽獣とを分かつ礼儀がただあるというだけではなく、夷狄においては「君」による軍事力が秩序を保つのに対して、「君」なきがごとき中国においては、そして諸夏（諸侯の国）に分裂さえしてる中国においては、力ではなくその礼儀によって、争う獣とはちがい平和と秩序とを維持できるのだ、と孔子は言うのである。諸夏と夷狄という対比の仕方には、孔子の中華意識があるけれども、しかしそれは、無条件の優越感でもなく、また富や力（軍事力）を誇るものでもなく、反対に、力による強制的秩序に代えて、文化的伝統にもとづく礼秩序の存在、それへの敬意と誇りにもとづくことは注意しておくべきであろう。

ニップールに出土した古バビロン時代の格言に次のようなものがある（点線は破損箇所）。

「王も女王も持たぬ者、彼の主人は誰なのか、彼は獣か、それとも……を偽る者か」(BWL, 273)

王なき人々は、秩序なく、あい争う獣にひとしい。

バビロンにおいても夷狄においてもさまざまな礼や祭儀があるだろう。しかし秩序は、君権・王権によってのみ保たれる。統一権力なくしては、礼や祭儀は無力である。つまり秩序は成り立たない。これに対して孔子は、礼秩序による全中国の平和という構想を抱くのである。それゆえに、この文化的伝統である礼秩序を侵害する新興の権力者に対して、再び彼は対立する。

八佾篇六について。

「季氏、泰山《たいざん》に旅す。子、冉有に謂《い》いて曰わく、女救《なんじ》うこと能《あた》わざるか。対《こた》えて曰わく、能わず。子の曰わく、嗚呼《ああ》、曾《すなわ》ち泰山を林放にも如《し》かずと謂《おも》えるか」

この文章の成り立ちに関して、津田は林放という人物に着目する。林放は八佾篇四で礼の本を質問した人物で、論語のなかではそれ以外に現れない。そこから津田は結論を引き出して言う、

「前の章の連想からその篇の編者の新に作って書きそへたものがあるかと思はれるので、林放の名の用ゐてある泰山に関するものは、或はその例ではあるまいか。林放をいふのがあまりに特殊なことだからである」(二六五—六ページ)

と。この津田の推論には一つの飛躍があるように思われる。彼によれば、歴史が進み、孔子が聖人化されるようになると、「孔子を道の師とし諸侯や権家もその教をうけたやうにしようとした」(二四八ページ)、というのであるが、それならば無冠の林放という人物は孔子を聖人化するための脇役としてはふさわしくないし、また連想によってあえて林放の名を再掲する理由もよくわからない。つまり、林放という「特殊な」人物にかかわる言葉は、孔子が聖人化される以前の旧い伝承を伝えている可能性もあるだろう。

ひとまず林放から離れて、もう一人の登場人物である冉有《ぜんゆう》について見てみよう。すでに紹介したように、彼は信頼しうる旧い伝承文のなかで、「求や、千室の邑《ゆう》、百乗の家、これが宰たらしむべし」（公治長八）と推奨され、実際、「百乗の家」季氏の宰となったらしく、これもすでに見たが、「季氏、周公より富めり。而して求やこれが為めに聚斂《しゅうれん》してこれを附益す」（先進一六）と言われた人物である。この、冉有（求）の季氏に対する態度は、八佾篇六の場合とほぼ正確に対応する。租税に関しても祭儀に関しても、季氏は伝統的慣行を破るのではあるが、その際冉有は、孔子のそのことへの批判を知りながら、季氏の行動につき従うのである。あるいはつき従わざるをえなかった。租税か祭儀か、おそらくいずれかの問題にかかわると思われるが、次のような伝承も残されている。

「冉求が曰わく、子《し》の道を説《よろこ》ばざるには非《あら》ず、力足《た》らざればなり。子《し》の曰わく、力足らざる者は中道にして廃す。今女《なんじ》画《かぎ》れり」（雍也一二）

孔子の道は、租税に関しても祭儀に関しても、伝統的な秩序を守ることにあったが、それを切りくずす季氏に対して、家臣となった冉有は引き止めることができなかったのである。こうした冉有の姿は当時の時代状況によく合っているのであり、したがって今では知る術《すべ》のない林放という人物も、孔子時代、その周辺においてはよく知られていた人物で、その後、伝承の失われた後《のち》の時代になって初めて「特殊な」人物となったにすぎぬように思われる。

さて、以上において八佾篇の一から六までを見てきたのであるが、その全体は一言《ひとこと》でいえば、諸侯国に分裂する中国を、文化的伝統である礼秩序のなかに維持し、平和を守ろうとする孔子の姿を伝えるものである。こうした孔子の姿を、津田は見ようとはしない。それはこれまで見てきた個別的な諸点とは別の、さらに大きな理由があるからである。

津田は、「孔子は広い天下の政治や制度について説くことをしなかったらしい」（一七三ページ）と考える。津田においては、「広い天下」を問題にするのは戦国時代の知識人からだ、という意識が強い。なぜ孔子は「広い天下」を問題にしなかったと言えるのか。その理由は、孔子の弟子たちが諸候やその臣下に仕え、「その多くは小さな、領地の民政に當ってゐる、あるいは當らうとしてゐる」からであり（一三二ページ）、それというのも、いわゆる孔子の徳治主義、たとえば、「上《かみ》礼を好めば、則ち民使い易《やす》し」とか「礼儀を以て国を治める」などの思想は「極めて狭い範囲の民に対する政治においてのみ」有効だからである（一二八ページ）。

つまり津田は、礼と徳治主義との結びつきを考え、それが地域的な小範囲においてしか成り立たないので、孔子とその弟子たちの視野は「広い天下」へと広がることはなかったと考えるのである。

確かに、孔子の弟子たちは、宰という地位につき、狭い地域での民政にあたり徳治主義を志した。権力の担い手が下降するにつれて、ますます領域は分断され、狭くなる。けれども、その分断された小さな諸領域が、過去からの文化的伝統である祭礼秩序に通路をもつならば、全中国が文化的統一性（秩序）を維持することができる。孔子が弟子たちに期待したことは、各地に散り狭い地域の官吏になっても、その主人の行動を、全中国的礼秩序の枠のなかに嵌《は》め込むということだったのである。孔子はつねに「広い天下」の平和と秩序を考えていた。

「子の曰わく、周は二代に監《かんが》みて郁郁乎《いくいくこ》として文なるかな。吾れは周に従わん」（八佾一四）

過去の文化は、現在の中国の平和の最後の拠《よ》り所だった。孔子が思想的革新者ではなく、あの教師自画像で見たように、「述べて作らず、信じて古えを好む」（述而一）のは、その根本的理由は、おそらくここにあったのである。

【注】

（1）M. Weber, Konfuzianismus und Taoismus, Gesammelte Autsätze zur Religionssoziologie, I, 1920, S. 304. 森岡弘通訳『儒教と道教』筑摩書房、一九七〇年、三三二ページ。

（2）松本雅明「古典の成立」、岩波講座『世界歴史4』一九七〇年、一一九ページ以下。

二　天

孔子における祭礼秩序は、それぞれの地位に応じた祭儀資格の上下的編成であり、その頂点には天子（皇帝）がいる。政治軍事的な権力という点では、天子は今や「亡《な》きがごとき」であるが、祭儀資格という点では、今も「正当なる最高祭司」である。それはある意味でギリシアの都市国家の場合と似ているかもしれない。古代ギリシアは、資料の黙する永い暗黒時代の後《あと》、突然、貴族制ポリスとして歴史のなかに現れるが、その際、かつて存在した王家は、王権は失ったが、しかしポリスのいわば「正当なる最高祭司」として存続し、分割された諸権力を統合する役割を果したのである。いずれにしても、春秋末期の時代、孔子が天子の祭儀資格を守る立場をとったとすれば、当然にまた祭儀の対象である天という観念も孔子にとって重い意味があったであろう。にもかかわらず、孔子における聖なる空間の存在を見失う津田にとって、当然、天は孔子の思想にとって異質な、意味のないもののように映ることになる。

彼は言う、

「論語においてなほ目につくことは、おしなべていふと、道徳を説き政治を説き、要するに人が人として人みずからによってなすべきことを説くのが、本旨であるやうに見える孔子のことばにおいて、ま、それとはいくらか調子のちがった思想のあらはれてゐるばあひのあることである。八佾、述而、子罕、先進、憲問、陽貨、などの諸篇に、例へば『獲罪於天』とか『天生徳於予』とか『天之将喪斯文也』とか『欺天乎』とか『天喪予』とか、または『不怨天、……知我者其天乎』とかいふやうに、『天』をいふことのあるのも、その一つである」（一三九ページ）

「もっとも、天といったり命をいったりすることは、いはば常識的の考へかたから来てゐるのであるから、孔子のことばにそれがあったとしても、さして怪しまれるほどのことではなく、……略……たゞ思想としては、そこにいくらか調子のちがふところがあるといふまでである」(一四〇ページ)

と。津田よりも少し前に、和辻哲郎は孔子の思想の特徴として、「神秘主義的な色彩が全然かけていること」を指摘している。和辻によれば、「宗教的な意味で絶対者に触れることあるいは絶対境に悟入することは彼の問題ではない」。では何が問題であったかといえば、それは道の理解とその実行であったとして次のように言う、

「人倫の道を踏みさえすれば、すなわち仁を実現し忠恕を行ないさえすれば、彼にとって何の恐れも不安もなかった。だから彼の教説には何らの神秘的色彩もなく、従って、『不合理なるがゆえに信ずる』ことを要求する必要もない。すべてが道理なのである。かかる意味において人倫の道に絶対的な意義を認めたことが孔子の教説の最も著しい特徴であろう」(1)(傍点は和辻)

と。和辻はこうした結論を導くに際して、津田の『詩経』や『書経』についての研究を参照しているが、津田の方もこの和辻の結論を受け容れたように思える。

和辻および津田にとって、世界の思想史上、孔子の独自性は、神話的思弁や呪術的世界像とは明確に一線を画している点、あるいはソクラテス、イエス、釈尊とは異なるその非宗教性にあるのだが、そうした見方の根拠は、これまで出会ってきた論語のなかの言葉、たとえば、

「季路、鬼神《きしん》に事《つか》えんことを問う。子の曰わく、未だ人に事うること能《あた》わず。焉《いずく》んぞ能く鬼《き》に事えん。曰わく、敢《あ》えて死を問う。曰わく、未だ生を知らず、焉んぞ死を知らん」(先進一二)

あるいは、また、

「樊遅、知を問う。子の曰わく、民の義を務め、鬼神を敬してこれを遠ざく、知と謂うべし」(雍也二二)

という言葉、そしてこのことに関わる、

「子、怪力乱神を語らず」（述而二〇）

という言葉などにおかれている。しかし、これらの言葉は、和辻や津田がクローズ・アップするほど、それほど驚くべき言葉なのではない。民衆は日常の生活において鬼《き》、鬼神と共生しているのだろうが、孔子の心はそうした民衆の世界とは別の、官吏の世界に向けられているからであり、そこで「人に事《つか》えること」に精神を集中しているからである。そしてこの官吏の世界は、祭礼の秩序をそなえており、その祭儀の対象は鬼神ではなくして天だからである。孔子の教えの特徴は、津田の言い方によれば「人が人として人みずからによってなすべきことを説く」点、和辻の言い方によれば「人倫の道に絶対的な意義を認めたこと」にあるとされるが、しかしこの人の道は天に対する深い宗教意識なくしては成り立たないのではあるまいか。孔子が季氏の祭儀的な越権行為を批判するとき、その批判という行為そのものが、孔子にとっては人倫の道だったであろうが、そうした道を歩む彼の心には、天に対する信頼、あるいは不安や恐れ、いずれにしても天への尊崇の意識があったにちがいない。そして、天は祭礼における全中国的身分秩序の総括者なのであるから、祭儀的な越権行為に対する孔子の批判は、季氏や「三家者《さんかしゃ》」という魯国の実力者にとどまらない。

「王孫賈《おうそんか》問うて曰わく、其の奥《おう》に媚《こ》びんよりは、寧《むし》ろ竈《そう》に媚びよとは、何の謂《い》いぞや。子の曰わく、然らず。罪を天に獲《う》れば、禱《いの》る所なきなり」（王孫賈が「『部屋の神のきげんどりより、かまどの神のきげんをとれ。』と〔という諺《ことわざ》〕は、どういうことです。」とたずねた。〔衛《えい》の主君よりも、権臣である自分のきげんをとれ、というなぞである。〕先生はいわれた、「〔その諺は〕まちがっています。〔かまどの神や部屋の神よりも、最高の〕天に対して罪をおかしたなら、どこにも祈りようはないものです。」

――金谷氏の訳）（八佾一三）

ここでは、直接的な仕方で、王孫賈の祭儀的越権行為が問題となっているわけではないが、しかしそれでも孔子の意識は祭礼的秩序のなかでの身分関係に向けられており、この秩序に即応する礼を守らねば天に対して罪をおかすことなると言うのである。次の短い言葉も同様の意味であろう。

「子の曰わく、君に事《つか》うるに礼を尽《つ》くせば、人以て諂《へつら》えりと為す」（八佾一八）

津田はこの文にたいして、「どのやうなばあひにいったのか、それが記してなければ、ことばの意義がよくわからぬ」と言っているが（二四三ページ）、これまで見てきた関連のなかにおけばそれほど不可解ではない。「君」が誰をさすのか分からないが、その隣におかれた文が「定公問う」となっているので、編集者は定公を考えていたかもしれない。「人」は、君に礼を尽くす孔子に「諂《へつら》えり」と悪口を言うのであるから、おそらく季氏のごとき実力者の側に属する人々であろう。すなわち孔子は、実権を失った君主に対して、礼を尽くし、それゆえに悪口を言われる。けれども、孔子からするならば、悪口を言う人々の方が実力者に諂《へつら》っているのであり、その時の孔子の孤独な心はただ天に向かっていたのであろう。

「子の疾《やまい》、病《へい》なり。子路、門人をして臣たらしむ。病、間《かん》なるときに曰わく、久しいかな、由《ゆう》の詐《いつわ》りを行なうや。臣なくして臣ありと為《な》す。吾れ誰をか欺《あざむ》かん。天を欺かんか。且《か》つ予《わ》れ其の臣の手に死なんよりは、無寧《むしろ》二三子の手に死なんか。且つ予れ絝《たと》い大葬を得ずとも、予れ道路に死なんや」（子罕一二）

孔子が死に近づいた時の言葉である。「吾れ」という字が、途中から二度、「且《か》つ予れ」に変わっている。後《のち》に後《あと》の二行が付加されたように思えるが確かではない。

死を近くに控えた孔子は、ソクラテスやイエスのように劇的な死をむかえるわけではないが、弟子たちはこの時の孔子の言葉を彼の人格の本質にかかわるものとして受けとめ、後世に伝えた。なぜならば孔子は、みずからが身分的には臣なき平民であることを認め、身分的秩序を守る天に対して、最後までその誠実さを貫いたからであり、その天への誠実さに弟子たちは感銘を受けたからである。そうした孔子の姿を伝えるもう一つの伝承も残されている。

「子の疾《やまい》、病《へい》なり。子路、禱《いの》らんと請う。子の曰わく、諸《こ》れ有りや。子路対《こた》えて曰わく、これ有り、誄《るい》に曰わく、爾《なんじ》を上下の神《しん》祇《ぎ》に禱ると。子の曰わく、丘《きゅう》の禱ること久し」（述而三四）

先ほどの文と同様、「子の疾、病なり」で始まる。おそらく同じ状況を指示するのであろう。孔子の病気が重くなった時、子路は祈りたいと願う。その後《あと》の過去の先例にかかわる二人のやりとりの後《のち》、結局、孔子は「自分の祈りは久しい」と言って子路の平癒祈願を拒絶する。一見するとストーリーに矛盾があり意味がよく分からぬように思えるが、しかし祈りの内容（対象）に想いを向ければ、よく理解できるだろう。すなわち、王孫賈との問答での孔子の言葉「罪を天に獲《う》れば、禱《いの》る所なきなり」が示すように、中国の平和のために祭礼的身分秩序の守護者たる天に対して孔子が祈り続けるのに対して、子路は孔子個人の運命（生死）に関して「上下の神祇」に祈ろうとするゆえに拒絶されるのである。晩年の孔子は、個人の運命に関しては、祈りによってこれを変えようとするのではなく、断念をこめて「命《めい》」として受け容れ、ただひたすら秩序の総括者たる天に全中国の平和を祈るのである。

「伯牛《はくぎゅう》、疾《やまい》あり。子、これを問う。牖《まど》より其の手を執《と》りて曰わく、これを亡ぼせり、命《めい》なるかな。斯《こ》の人にして斯の疾あること、斯の人にして斯の疾あること」（雍也一〇）

「徳行には顔淵、閔子騫、冉伯牛、仲弓」（先進三）といわれるが、その徳行の人、伯牛に不幸が襲いかかる。しかしその非合理な運命は天によるものではない。天は個人の運命に直接に介入することはない。これゆえに、この伯牛の不幸に際して、天の意図や理由をせんさくしても意味のないことであり、命《めい》として受け容れる以外にない。けれども、孔子は、

「命《めい》を知らざれば、以て君子たること無きなり」（堯日《ぎょうえつ》五）

という心構えを、決して若い時から身につけていたのではない。

「顔淵死す。子の曰わく、噫《ああ》、天予《わ》れを喪《ほろ》ぼせり、天予れを喪ろぼせり」（先進九）

この言葉を、先ほどの伯牛の場合と比べると、孔子における思想的・内面的な変化について想いを広げることができる。

一見すると、孔子は伯牛に対するよりも顔回に対してより深い悲しみのなかに陥ったように見える。けれども二つの文は、いずれも文末の句を繰り返して孔子の深い嘆きを伝えているのであり、悲しみの深さに違いがあるというわけではない。それにもかかわらず、顔回の死に際して、孔子がほとんど絶望に近い状態に接近するのは、伯牛の時とは違って、彼がなお「命《めい》」を思想的につかんでいないからである。顔回が夭折《ようせつ》したとき、なお老齢に至らぬ孔子にとって、天は個人の運命に介入して非合理な結果をもたらす不可知性を色濃くまとっていたのである。

一方で天は、全中国の平和にかかわる使命を孔子に与えた。孔子にはその自覚があった。

「子、匡《きょう》に畏《おそ》る。顔淵後《おく》れたり。子の曰わく、吾れ女《なんじ》を以て死せりと為《な》す。曰わく、子在《いま》す、回何ぞ敢《あ》えて死せん」（先進二三）

「子の曰わく、天、徳を予《わ》れに生《な》せり。桓魋《かんたい》其れ予れを如何」（述而二二）

「子、匡に畏る。曰わく、文王既に没したれども、文茲《ここ》に在《あ》らずや。天の将《まさ》に斯の文を喪《ほろ》ぼさんとするや、後死《こうし》の者、斯の文に与《あず》かることを得ざるなり。天の未《いま》だ斯の文を喪ぼさざるや、匡人《きょうひと》其れ予れを如何」（子罕五）

上の二つの古い伝承文をもとにして、下の、大言を吐く孔子像が作成されたのであろう。その時点では、もはや桓魋がいかなる人物であったのかすでに記憶が失われていたので、匡人に書き変えられたと思われる。いずれにせよ、「天、徳を予れに生せり」という言葉は、天に関係する使命意識の自覚を示しているのであろうが、しかし顔回の死は、この使命意識を大きく揺れ動かしたのである。なぜならば、使命（徳）を与えた天が、それを貫くには不可欠の人物、顔回を奪ったからである。この時から、おそらく孔子は、長い年月にわたり、天、なぜかく為《な》したまへりや、という神義論的問題のなかに入って行ったのではないかと思われる。

その内面的プロセスを知る手がかりはないが、「五十にして天命を知る」（為政四）という言葉が、そうした推測をうながすのである。「天命」を、朱子学的解釈を基準にして、人間における天からの道徳的使命と解すべきではない。すでにそれ以前、孔子は道徳的使命を自覚しているのであり、四十にして不惑に達しているからである。だから孔子は、五十にして、天と命との区別を知った、と言っているのであり、もっとはっきりいえば、命《めい》を知ったのである。以前は、命《めい》は天のなかにふくまれ、天が個人に及ぼすものであった。しかし今や孔子は、顔回や伯牛のような人の出来事を命として受け容れることを知り、そして、天への疑惑をも捨てるようになったのである。命を知ることは、実は、再度、天を知ることでもあった。そしてその時、天は、個人としての個人とは関係が切れて、個人をつつむ礼秩序の神として、非人格化された存在として孔子の前に現れた。なるほど晩年の孔子には天に対する祈りがあり罪という言葉もある。けれどもそれは礼秩序の守護者に対する祈りであり個人の運命にかかわるものではない。そしてまた罪という言葉があるのだから、論語は何も語ってはいないけれども、孔子には天による罰という意識もあったであろう。推測するにその罰は、礼秩序の破壊に対するものであるから、その結果としての「乱」、つまり戦争とそれがもたらす害悪で、個人に直接的な仕方で関係するものではなかったであろう。

もし以上のごとくであるならば、憲問篇の次の言葉は「天命を知る」孔子の内面的歩みを示しているのかもしれない。

「子の曰わく、我れを知ること莫《な》きかな。子貢が曰わく、何為《なんす》れぞ其れ子《し》を知ること莫からん。子の曰わく、天を怨みず、人を尤《とが》めず、下学して上達す。我れを知る者は其れ天か」（憲問三七）

「孟子斉を去る。充虞路《じゅうぐみち》に問うて曰わく、夫子不豫《ふよ》の色《いろ》有る若《ごと》く然り。前日、諸《これ》を夫子に聞けり。曰く、君子は天を怨みず、人を尤《とが》めず、と」（『孟子』公孫丑下）(2)

「自ら知る者は人を怨まず、命を知る者は天を怨まず。人を怨む者は窮し、天を怨む者は志《し》無し」（『荀子』栄辱篇）(3)

憲問篇の言葉の最初の二行は、文意の通りの点からしても、また『荀子』による伝承の点からしても、後《あと》から付け加えられたように思われる。が、それはともかくとして、歴史上の孔子は、『荀子』の解釈「命を知る者は天を怨まず」とあるように、命を知るに至った時、天との結びつきを再度、確立したように思われる。

津田は、儒学において、神義論的な問題についての思索が欠けているとして、

「なほ、孟子でも荀子でも、人の現実の生活において、だれでもきにかゝることの一つが、ほとんど考へられてゐない、といふことにきがつく。それは道徳的に善い人が、かならずしも幸福でないばかりでなく、しば〱不幸にあひ、善からぬ人がかへって幸福を得てゐるばあひが多い、という現実のありさまについてである」（三七九ページ）

と述べている。

しかし、これまでの推測が正しければ、すでに孔子において、彼が天命を知った時、この問題について決着がついていたのであり、その後の儒学の歩みは、それを前提とするほかなかったのである。思想的なドラマはすでに終わってい

たのである。

天のもとに不変の礼秩序がある。しかし現実の権力構造はこの礼秩序から離れようとしている。それゆえに、孔子とその弟子たちは、天を仰ぎ見ながら、規範としての道の上を歩んでいかねばならない。


【注】
（1）和辻哲郎『孔子』『全集』前掲書、三四三―四ページ。
（2）『孟子』前掲書、一五四ページ。
（3）金谷治・佐川修『荀子、上』「全釈漢文体系7」集英社、一九七三年、八八ページ。

三　道

論語の言葉の用法において、天に対応するものは秩序性なく広がる地ではなくて、道である。天が単なる物理的空間ではなく祭礼的秩序の総括者として聖性を帯びているのであるから、たとえば「天道」（公冶長一三）という表現があるように、天に即応する道も当然に倫理的な意味での規範性を帯びることになる。道という言葉のこの規範的性格について少し考えてみたい。

もともと道というものは永い歳月にわたり数限りない人々が歩み、踏みかためて成ったものであるから、その言葉には強い伝統主義的性格がまとわりついている。そしてこの伝統主義は、いずれの世界においても、単なる繰り返しや慣行というにとどまらず、それに従わざるをえない規範として、現在を拘束する過去として、日常生活に規律を与える一つの源泉となる。論語においては、この点を直接に示す「古《いにし》えの道」（八佾一六）という表現があるが、さらに、過去の伝統を伝える父や教師についても、「父の道」（学而一一、里仁二〇）、「子《し》の道」（雍也一二）という言い方がある。これらの表現は素朴な伝統主義そのものではなく、伝統が自覚的につかみなおされていることを意味している。それゆえに、文化的伝統への自覚がさらに深まり、その原点にまで思索が及ぶと、文化的伝統の創設者が問題となり、「先王の道」（学而一二）という言葉もあらわれる。それはちょうどエジプトにおいて、「秩序《マアト》」の基点に現王の先祖がおかれる場合と同じである。けれども道という言葉に限っていえば、エジプトにおいては過去から続く道の出発点には神格化された狼ウペウアウトがおかれて、伝統は神話的世界に接続していく。ウペウアウトという名前は「道を開く者」という意味である(1)。論語には、もちろん、こういう神話的思弁の跡《あと》はない。

（Wp − w3wt）

　いずれにしても「道」は、伝統主義および伝統の意識的な継承によって規範性を獲得する。けれども論語における道は、こうした広い意味での伝統主義には解消できぬ、さらに強い倫理的色彩を帯びており、それゆえにその言葉にはしばしば生死にかかわるような緊張感が漂う。その理由の一つは、これまで見てきたように、中国が諸侯国に分解して、かつての秩序・平和が危機のなかにあったからである。つまり過去の文化的伝統たる道は現実から遊離して、その現実と緊迫する対抗関係に入りつつあったからである。そうした時代状況を端的に示す論語の言葉は、「邦《くに》に道あれば……、邦に道なければ……」という表現である。一例をあげれば、

「子、南容を謂わく、邦に道あれば廃《す》てられず、邦に道なければ刑戮《けいりく》に免《まぬが》れんと。其の兄の子を以てこれに妻《めあ》わす」（公冶長二）

　という言葉がある。これは内容から考えて歴史上の孔子の言葉らしい。おそらく、こうした孔子の言葉をもとにして、後《のち》に、邦に道あれば、邦に道なければ、という定型的な表現が成立したのであろうが、いずれにせよ、孔子の時代、右の言葉にあるように、「道」を歩むことはその身を危険にさらすことをも意味した。が、さらに、孔子学校の課題は、それぞれの邦における道の復興という点におかれ、それゆえに現実に対する道の規範性・理念性はますます

強化されることになった。

「子の曰わく、人能く道を弘《ひろ》む。道、人を弘むるに非ず」（衛霊公二九）

歩むべき道がそこに横たわっているのではない。現実に抗して、道を復興させねばならないのである。それゆえに時には、道は目的地に至るための通路としての性格を失い、たとえば「道に志して」（里仁九、述而六）とか、「道を謀《はか》りて」（衛霊公三二）とか、あるいは「道を憂《うれ》えて」（同上）というふうに、それ自体が目的としての性格を帯びる場合がある。その結果として、孔子の思想において、きわめて逆説的な事態が生じることになる。すなわち、下克上の時代、上に対して誠実で従順な官吏を育成することを課題とした孔子において、すでに八佾篇の季氏に対して見たように、上を「諫《いさ》める」という主体的な姿勢が明確に打ち出されることになるのである。この点は古代オリエントの家産制的官吏には見られぬ孔子学派の重要な特徴だと思われるので、関連する論語の言葉をできるだけ丹念に拾ってみることにしたい。

「子の曰わく、父母に事《つか》うるには幾《よう》くにして諫め、志の従わざるを見ては、又た敬して違《たが》わず、労して怨みず」（里仁一八）

孝は儒教倫理の基礎をなすけれども、それは決して無条件的服従ではなく、「諫める」という子の主体性を認めるのである。孝を尽くすことが道であるが、「諫める」ことも道である。

「子路、君に事《つか》えんことを問う。子の曰わく、欺くこと勿《な》かれ。而してこれを犯《おか》せ」（憲問二三）

孝についてと同じことが忠についてもいえる。「欺くこと勿かれ」つまり誠実にまごころをもって君主に仕えねばならないが、しかし「さからってでも諫めよ」（金谷訳）と、孔子は勇気の人、子路に言う。道を歩むには勇気がいる。その勇気を、孔子は否定しない。

孔子の精神的な気魄は、論語のなかで最も有名な次の言葉に凝縮されているように思われる。

「子の曰わく、朝《あした》に道を聞きては、夕べに死すとも可なり」（里仁八）

その意味は、朝、正しく真理である道を聞き知ることができれば、晩に死んでもよい、というのではない。道は決して不可知なものではなく古えからの道であり、そして「聞く」という言葉は古代オリエントにおいても孔子においても「従う」という意味が強いからである。孔子は、道に従ってその結果死んでも本望だと言っているのだと思う。

「子《し》、公冶長を謂《い》わく、妻《めあ》わすべきなり。縲紲《るいせつ》の中《うち》に在りと雖《いえ》ども、其の罪に非ざるなりと。其の子《こ》を以てこれに妻わす」（公冶長一）

弟子の公冶長は、かつて獄中につながれたことがあったが、それは彼に罪があったからではない。すなわち公冶長は、もはや具体的な事柄は何も分からないが、孔子の眼から見て道を歩み、そして権力者の逆鱗《げきりん》に触れたのではないかと思われる。その公冶長に、孔子が娘を妻として与えたのは、もちろん偶然ではないだろう。公冶長に限らず、他の弟子たちも道を歩む孔子の精神を引き継いでいく。

「曾子、疾《やまい》あり。孟敬子これを問う。曾子言いて曰わく、鳥の将《まさ》に死なんとするや、其の鳴くこと哀《かな》し。人の将に死なんとするや、其の言うこと善し。君子の道に貴ぶ所の者は三つ。容貌《ようぼう》を動かしては斯《ここ》に暴慢《ぼうまん》を遠ざく。顔色を正しては斯に信に近づく。辞気を出《い》だしては斯に鄙倍《ひばい》を遠ざく。籩豆《へんとう》の事は則ち有司《ゆうし》存せり」（泰伯四）

この文章に関しては宮崎市定氏の適切な研究がある。結論のみを記《しる》せば、孟敬子には、「容貌を動かす」時つまり何かショックを受けて表情を変えるような時、たとえば人から悪口を言われたような時、「暴慢」つまり乱暴な行為に出る癖があり、また、「顔色を正して」つまり真顔で言った言葉に対して、それを守らぬ欠点があり、さらには「辞気を出す」つまり議論し言い争いになる時、「鄙倍」きたない言葉を出し悪態をつく癖があった。その勢力ある政治家、孟敬子に対して、曾子といえども思ったとおりのことを言えない状態にあったのだろうが、死を間際にして、「曾子は苦しい息の下から、いままでの何十年かの宿題を果たすつもりで、言いにくいことを勇気を起こして言った」、と、宮崎氏は解釈する(2)。この解釈に従えば、曾子は、その師である孔子の気魄を、臨終に際して、その振る舞いを通してみずからの弟子たちに伝えたと言うことができるだろう。

他の弟子、子夏にも次のような言葉がある。

「子夏が曰わく、君子、信ぜられて而して後《のち》に其の民を労す。未だ信ぜられざれば則ち以て己《おの》れを厲《や》ましむと為《な》す。信ぜられて而して後に諫《いさ》む。未だ信ぜられざれば則ち以て己れを謗《そし》ると為す」(子張一〇)

信は、本来、朋友ないし同僚の横の関係の徳であったが、ここでは君主および民に対する上下の関係に転用され、その中間に位置する官吏の理想的なあり方が方法的に探究されているのだが、ここでも、君主に対しては「諫める」という姿勢を貫くための探究である。

マックス・ウェーバーは、儒教と仏教を対比して、

「儒教は、仏教と全く同じように、倫理にすぎなかった。(この倫理における『道』はインドの『法《ダルマ》』に相応している)。しかし儒教は、仏教と最も鋭く対立して、もっぱら世俗内的な世俗人の道義であった。そして仏教とさらに著しく対照的に、儒教は世俗への、つまり世俗の諸秩序やもろもろの因習への適応であった。それどころか、

結局本来は、教養ある世俗人のための政治的処世訓と社交上の作法の巨大な法典にすぎなかった[3]」

と述べている。

こうした見方は、儒教倫理を結局は恭順《ピエテート》（孝）に解消し、それ以外には倫理というよりも「世俗への適応」（**Anpassung an die Welt**）つまり処世術としか見えないのであるが、しかしそれでは、これまで見てきたように、孔子を起点とし、門人たちを通じて後《のち》の時代に伝えられた道という観念のはらむ精神的な気魄、ウェーバーの好きな騎士道的精神が、東洋においても流れていることを見失うことになるだろう。

孔子における道は、それ自体として目的としての性格をもつけれども、この倫理的な道の上には、天があり、そして守るべき祭儀的礼的な秩序がある。しかし、現実の権力構造はこの秩序から離れていき、

「子の曰わく、誰か能く出《い》ずるに戸《こ》に由《よ》らざらん。何ぞ斯の道に由ること莫《な》きや」（雍也一七）

という状況である。

しかし孔子は希望を捨てない。

「子の曰わく、斉《せい》、一変せば魯《ろ》に至らん。魯、一変せば道に至らん」（雍也二四）

この場合の道という言葉に注意をはらう必要がある。中国は今や諸侯国（邦《くに》）に分かれている。けれどもそれらの諸国があるべき姿を取り戻せば、分かれたままでも、まるで空中で手を握りあうように一つの秩序のなかに共存できる。それゆえに道とは、この場合、国と国とをつなぐ道であり、平和に共存するためのあるべき国の姿であり、具体的には、祭儀的礼的秩序の遵守である。この道を実現すべく、孔子とその門人たちは文字通り道を歩む。すなわち彼らは諸国への旅路に立つのである。彼らが訪ねた国を拾ってみよう。

陳の国

「陳《ちん》に在《いま》して糧を絶つ」（衛霊公二）
「子、陳に在りて曰わく、帰らんか、帰らんか。吾が党《とう》の小子《しょうし》、狂簡、斐然《ひぜん》として章を成す。これを裁《さい》する所以《ゆえん》を知らざるなり」（公冶長二二）

孔子は年長の弟子たちを連れて陳に滞在していたが、魯国の若い弟子たちの指導のために帰国を決意する。帰ろうと思えば帰れる状態なのであるから、陳での滞在は意に反する流浪でもなく、ましてや魯国で政治的な迫害を受けたからでもない。そして陳において「糧を絶つ」苦境に襲われるのであるから、招かれて行ったわけでもない。では、孔子グループはなぜ陳を訪れたのか。

蔡の国
「子の曰わく、我れに陳《ちん》・蔡《さい》に従う者は、皆な門に及ばざるなり」（先進二）

かつて陳・蔡の二国を孔子とともに訪れた弟子たちはすでに門下にはいない。おそらく彼ら年長の弟子たちはすでに仕官したのではあるまいか。つまり陳や蔡への旅路は、年長の弟子たちをこれらの国に仕官させるためのものだったのではないか。

衛の国
「衛《えい》の霊公《れいこう》、陳《じん》を孔子に問う。孔子対《こた》えて曰わく、俎豆《そとう》の事は則ち嘗《かつ》てこれを聞けり。軍旅《ぐんりょ》の事は未だこれを学ばざるなり。明日《めいじつ》遂いに行く」（衛霊公一）

霊公との出会いは、おそらく孔子を沈痛な心の状態に投げ込んだにちがいない。「俎豆」は祭の供《そな》え物のための器である。祭礼的秩序を建て直し、
「子の曰わく、魯衛の政は兄弟なり」（子路七）
という言葉が示すように、その祭礼的秩序のなかで衛の国を他の国とを平和的につなげようとする孔子に対して、霊公は戦陣のことをたずねたのである。戦争を回避しようとする孔子と戦争に向かおうとする霊公と、両者の間の溝《みぞ》

は深かった。なお、あの王孫賈《か》も衛の実力者で、彼との出会いも孔子にとっては失望をもたらしたにすぎなかった。

斉の国

「子華、斉に使《せい》いす」（雍也四）

「子、斉に在《いま》して韶《しよう》を聞く。三月、肉の味を知らず。曰わく、図らざりき、楽《がく》を為《な》すことの斯《ここ》に至らんとは」（述而一三）

孔子時代、古えからの音楽は深く祭礼的秩序と結びついていたであろう。その音楽に、斉にいる孔子は感銘を受ける。諸国に伝わる文化的伝統を孔子は何よりも尊重する。その伝統が分かれた諸国をつなぐ紐《きずな》である。

楚の国

「葉《しよう》公、孔子を子路に問う。子路対《こた》えず。子の曰わく、女奚《なんじな》んぞ曰わざる、其の人と為《な》りや、憤《いきどお》りを発して食を忘れ、楽しみて以て憂いを忘れ、老《お》いの将《まさ》に至らんとするを知らざるのみと」（述而一六）

葉公は孔子を知らない。おそらく孔子は面会を求めて子路を使者に立てた。子路は葉公に孔子のことを聞かれても、多分、自分の師を称賛することにためらいを感じ、むろん謙遜するわけにもいかず、答えなかった。その子路に対する孔子の言葉は、みずからを平和的な知識人として紹介してもらいたかったというニュアンスがあるように思う。

論語には「葉公、政を問う」（子路一六）や「斉の景公、政を孔子に問う」（顔淵一一）などの表現があるが、津田によれば、それらは孔子を諸公の道の師として偉大化する後代の作であるという（二一四―七ページ）。その可能性は確かに強いが、しかし右に紹介した諸事例は特別に孔子を偉大化・理想化しようとする意図が見えず、おそらく史実にさかのぼる伝承であろう。

孔子は年長の弟子たちを連れて諸国を歴訪する。その目的は弟子たちを仕官させるためであったかと思う。魯国のみでは官吏への需要が十分ではないという消極的な理由のためではなく、むしろ陳・蔡・衛・斉・楚などの諸国に弟子たちを仕官させることによって、それら諸国の祭礼的秩序を建て直し、そのレベルにおいて全中国を一つにし、戦国時代に向かう歴史に歯止めをかけようとしたのであろう。孔子グループの旅路は、国と国とを結ぶ道を実現させるための歩みであり、彼らは天をあおぎながら理念としての道を歩んでいたのである。

以上において、孔子の道の観念を見てきたが、最後に、古代オリエントにおける道についても触れておきたい。アッカド語の「道」（ḫarranum）という言葉には、同時に、旅行、隊商、出征、出征中の軍隊という意味がある。「道を行く者」（ālik ḫarrānim）という言葉は、「戦う者」という意味でも使われる（AHW 326-7）。メソポタミアにおける道は、遠隔地商業および軍事と緊密に結びついているので、東洋的な道の観念は現れなかったように思われる。

それに対してエジプトでは、やや事情が異なる。古王国時代の作品である『カゲムニへの教訓』はわずかな断片しか残っていないが、そこには倫理的な意味での、「道からはずれる」（r th mātn）という表現が見られる(4)。『メリカラー王への教訓』では、「魂の知る昨日の道」という表現が二回あらわれる（XVIII, XLIV）。『プタハヘテプの教訓』では、一箇所だけであるが、マアト（秩序・正義）が新しい写本で道におきかえられている。

三一二　人はマアトを行なうかぎり存続する。
└1　人はその道が正しい時に存続する。

アメンホテプ三世時代の官僚は、
「わたしは正しき良き道の上を歩んできた」（Lichtheim, 120-1）
と碑文に刻み、末期王朝期のある官僚も、
「わたしは誠実な者を愛したが、道を傷つける者には背を向けた」（Otto, Inschrift, 1, S.131）

という言葉を残している。

エジプトにおいても、第一および第二中間期という秩序解体の経験があるので、女神マアトへの信頼が動揺し、代わりに道の観念の発展可能性があったように思われるが(5)、しかし倫理的な意味での道を示す事例は数が少なく、内容的にも、伝統主義的な生活規範にとどまっていて孔子学派の場合とは比べようもない。その一つの理由は、エジプトにおける現世的秩序が、神格化された王を接点にして、神話的世界につつみこまれていたからでもあろう。鬼神を遠ざけ、非人格的な天の下にある孔子学派の道、その道の観念に対して最も先鋭に対立する比較事例が古代オリエントに一つある。それは古代イスラエルの場合である。イスラエルとの比較は本書の課題ではないが、東洋的な道について考える際、参考になると思われるので付言しておきたい。

イスラエルの歴史上の起点は諸伝承の闇のなかに隠されているが、しかしその起点の一つが、「賦役《ふえき》の家」エジプトからの、モーセ団による脱出という、決して忘れられたことのない出来事にあったことは間違いないだろう。この出来事についての伝承および物語は旧約聖書の『出《しゅつ》エジプト記』に収められている。ヘブライ語原典にはタイトルはないが、初めて、ギリシア語七十人訳聖書は『エクソドス』という名前をつけた。その名前を直訳すれば、「道の外へ」という意味である。すなわちモーセに導かれた原イスラエルは、エジプトの道から、道なき半砂漠の地へ逃亡し、この逃亡を七十人訳聖書は出来事の根本におくのである。

イスラエル思想史の最後に光芒を発《はな》つ捕囚期の預言者第二イザヤは、

「砂漠に神の道を敷《し》き、荒野にわれらの神の大道を直くせよ」(イザヤ書四〇・三)

という天上の声を聞き、祖国への帰還を神の意志として告知する。

最初から最後まで、イスラエルにはエジプト的な、あるいは儒教的な道はなく、あるのは「神の道」のみである。すなわちイスラエルは神のみに導かれて荒野を歩んでいく。

けれどもこのイスラエルにおいても、前一千年頃、ダビデが王権を確立して以降、王都エルサレムは官僚の居住地となり、そこに書記養成学校も設立され、そして知恵文学が発達した。その成果の一つに旧約聖書の『箴言《しんげん》』がある。この書は一種の格言集であるが、そこには「道」（デレフ、アルフォット、マガル）という言葉が繰り返し繰り返し現れてくる。その用法には論語と異なる一つの特徴がある。

一方で、道の語には倫理的・価値的にプラスの形容詞がつけられる。たとえば「公正の道」（二・八）、「聖き者の道」（同上）、「良き道」（二・九）、「正しい道」（二・一三）、「命の道」（二・一九）、「善良な人びとの道」（二・二〇）、「正しい人びとの道」（同上）、「楽しき道」（三・一七）、「正義の道」（八・二〇）、「悟りの道」（二一・一六）など。

他方で、道の語には倫理的・価値的にマイナスの形容詞がつけられる。たとえば、「すべて利をむさぼる者の道」（一・一九）、「悪しき道」（二・一二）、「暗い道」（二・一三）、「よこしまな者の道」（四・一四）、「悪しき者の道」（同上）、「陰府《よみ》へ行く道」（七・二七）、「愚かな者の道」（一二・一五）、「不誠実な者の道」（一三・一五）、「人の前で（のみ）正しくあるとする道」（一四・一二）、「死への道」（同上）、「なまけ者の道」（一五・一九）、「良くない道」（一六・二九）、「曲がった道」（二八・六）など。

こうした道の言葉の用法は何を意味するのだろうか。なぜ『箴言』はこれほどまでに道という言葉を多用するのだろうか。その隠れた意図を探るには論語を思い浮かべればよい。論語も『箴言』と同じく道という言葉を多用するが、しかしその用法においては大きな違いを示し、道があるか、道がないか、という言い方をするけれども、良い道とか悪い道とかいう言い方は決してしない。すなわち『箴言』においては儒教的な道は存在しない。もっと積極的にいえば、『箴言』があえて道という言葉を多用するのは、儒教的な、実際問題としてはエジプト的な、そういう道というものは存在しないのだ、と言うためではあるまいか。イスラエルにとって、伝統主義的な規範としての道は存在しない。あるのはただ善と悪、命と陰府《よみ》、それらの分岐点と、選択の結果としての軌跡があるにすぎない。イスラエルの知恵の教師は、学生の一人ひとりをこの分岐点に立たせ、

「心をつくして主に信頼せよ。

自分の知識に頼ってはならない。
汝のすべての道において、彼を知れ。
彼は汝の道を直くするであろう。
自分を見て賢いとしてはならぬ。
主を怖れて悪から離れよ」（三・五―七）

と語るのである。

遠く過去から続き、その上を歩むべき人倫の道はない。人はただ善悪の分岐点に立ち、「命の道」に向かうのか、それとも「陰府へ行く道」を歩むのか、そのすべては「神を知ること」（二・五）にかかっている。なるほど『箴言』においても、

「わが子よ、汝の父の教訓を聞き、汝の母の教えを捨ててはならぬ」（一・八）

という、古代オリエントの知恵文学の形式が採用されてはいる。しかし父や母が過去からの知恵を所有し、みずからその内容を語るのではなく、そうではなくて、ただ、知恵を求めよ、とわが子に語るにすぎず、その知恵は『箴言』においては創造の始源での神の被造物として人格化され、道のほとり、ちまた、街の門、至る所で人によびかけ、再び知恵を求めよと叫ぶのである（八・一以下）。

すなわちイスラエルの知恵の教師は、人を道の分岐点におき、知恵を求めよと勧告はするけれども、みずからその内容を語ることはできない。なぜならば、それは一人ひとりが創造者たる神の前で、宗教的祈りによって、知り選ぶ以外になく、それとは別の道なるものは存在しないからである。むろんイスラエルにおいても、過去からの貴重な伝統はある。けれども、それは、神のよびかけとそれへの応答に関する一回的な出来事の集積であり、そこに目を向けて「神を知る」ことができるが、伝統そのものを繰り返すことはできない。イスラエルは神との関係のなかで道なき道、荒野を歩んでいくのである。

【注】

（1）B.G.Ockinga, A Concise Grammar of Middle Egyptian, 1998, p.36.

（2）宮崎市定、『論語の新しい読み方』岩波現代文庫、二〇〇〇年、五三―九ページ。

（3）M.Weber, a.a.O., S.441，訳二〇〇ページ。

（4）E. A.W. Budge, An Egyptian Hieroglyphic Reading Book for Beginners, 1993(1869), p.241.

（5）LÄ, III 117.

文献表

テキスト、注釈、翻訳、辞書、文法書など、本書で使用した基本文献を一括しておきたい。引用に際しては、略号を用いる場合と、著者名を用いる場合とがある。

一　孔子ないし論語に関するもの

(一)　テキスト

金谷治『論語』岩波文庫、一九六三年。

※本書は論語の原文・読み下し・現代語訳を研究史上の成果をふまえて掲載したもので、信頼性の高い優れたテキストである。各篇の章数は本書を踏襲した。

(二)　注釈書

朱子『論語集注《しっちゅう》』、朱子学体系第七巻『四書集注』上、明徳出版社、一九七四年。

仁斎『論語古義』、日本の名著『伊藤仁斎』中央公論社、一九八三年。

徂徠『論語徴《ちょう》』、『荻生徂徠全集』第三・四巻、みすず書房、一九七七—八年。

(三)　研究所・辞書

津田『論語と孔子の思想』、『津田左右吉全集』第一四巻、岩波書店、一九六四年。

※本書の引用に際して、やや異例であるがページ数を本文のなかに書き込み、参照上の便宜をはかるとともに、また部分的に旧漢字を常用漢字に変えたところがある。御了解をえたい。

辞書『角川　漢和中辞典』一九五六年。

二　メソポタミアの知恵文学

(一)　テキスト

BWL　W. G. Lambert, Babylonian Wisdom Literature, 1960.

※本書は古代メソポタミアの知恵文学のテキストを校訂し集成した画期的なもので、英訳と言語についての注釈とがある。本書に収録されたそれぞれのテキストの名前は本書を踏襲し、また引用の際の、それぞれのテキストの数字は行数を示す。BWLの後《あと》の数字はページ数である。

(二)　辞書・文法書

AHW　W. von Soden, Akkadisches Handwörterbuch, Bd.I-III, 1965-81.

CAD　The Assyrian Dictionary of the Oriental Institute of the University of Chicago, 1964-.

Riemschneider,　K.K., Lehrbuch des Akkadischen, 1988.

三　エジプトの知恵文学

(一)　テキスト（時代順）

pt　『プタハヘテプの教訓』Z. Zaba, Les maximes de Ptaḥḥotep, 1956.

Merikare　『メリカラー王への教訓』W. Helck, Die Lehre für König Merikare, 1977.

Amenemhets　『アメンエムハト一世の教訓』W. Helck, Der Text der Lehre Amenemhets I. für seinen “Sohn”, 1969.

Cheti　『ドゥアケティの教訓』W. Helck, Lehre des Dwā-Ḫtjj, 1970.

eines Mannes　『ある男の息子への教訓』H-W.Fischer-Elfert, Die Lehre eines Mannes für seinen Sohn, 1999.

Ani　『アニの教訓』J. F. Quack, Die Lehre des Ani, 1994.

※引用の際の数字は行数を示す。Ptはザバの校訂したプリス・パピルスを基本にし、必要に応じて他の新しい写本（L_1, L_2）も参照した。Aniはクアックの校訂した写本B（p Boulaq 4）を基本にした。

（二）墓碑自伝

Lichtheim, M.,　Maat in Egyptian Autobiographies and Related Studies, 1992.

Otto, E.,　Die Biographischen Inschriften des Ägyptischen Spätzeit, 1954.

※官僚が墓碑に残した自伝は、書記養成学校で使用されたテキストと内容的関連が深く、エジプト官僚の理想像を知るための補足資料として価値がある。右の二書は研究書であるが資料集としての性格ももっている。ただしオットーのものは翻訳のみである。Lichtheimの後《あと》の数字はページ数である。

（三）辞書・文法書

Budge, E.A.W.,　An Egyptian Hieroglyphic Dictionary, 1978(1920).

Faulkner, R.O.,　A Concise Dictionary of Middle Egyptian, 1996(1972).

Gardiner, A.,　Egyptian Grammer, 1994(1927).

LÄ　Lexikon der Ägyptologie, I-VII, 1975-86, begr. von W.Helck und E.Otto.

四　その他の翻訳

ANET　Ancient Near Eastern Texts, edited by J.B. Pritchard, 1955.

筑摩　『古代オリエント集』筑摩書房、一九七八年。

あとがき

本書の表題に違和感を受けられた方は多いかと思う。孔子と古代オリエントという時空のかけ離れた存在に思想的な影響関係を想定しようがないからである。けれども比較思想史という方法は、影響関係を検証しようというものではなくて、諸思想をある共通の座標軸のなかにおいて比較吟味し、それぞれの思想の独自性を、あるいは他との共通性を、見つめようとする作業である。人は誰でも価値観をもち思想をもっている。それを対象化し自己認識を深めるために比較思想史はきわめて有効な一つの方法であると思う。ただし、書き終えて今痛感することは、この方法は私にとって荷が重すぎ、いわば too muchだった、ということである。論語や孔子については二千年を越える研究史があり、また古代オリエント学の燦然《さんぜん》とした成果は専門家でなければ決して通暁《つうぎょう》することができない。そういうわけで、本書はアマチュアの素朴な問題関心の一端を述べたものにすぎないのであるが、それでも本書が成るに際して、一つのきっかけがあった。私事にわたり、たいへん恐縮であるが、幼い子供の翔平が小学校に入学して文字を習い始めた時、私も意を決してヒエログリフの勉強を始めた。それから何年も経《た》ち、あちらさんは今、ソファに座って足を組み新聞を広げたりしているが、こちらはなおテキストの一行の文章が読めずに焦燥を繰り返している。それゆえに、この小さな未完成の本を翔平とその仲間たちに献げ、年老いた私はもはや静かに去っていきたい思う。

最後になってしまったが、大学教育出版の佐藤守氏に心から感謝を申し上げたい。日本の教育の現状について、深い情熱を抱く佐藤氏のお話が本書を書く際に何度も私の心によぎり励まされることが多かった。

著　者

二〇〇三年一月

■著者略歴

磯部　隆（いそべ・たかし）

1947 年　神奈川県藤沢市に生まれる。

1975 年　名古屋大学大学院法学研究科博士課程修了。

1985 年　名古屋大学法学部教授、現在に至る。

主な著書

『預言者イザヤ』（サンパウロ、1991 年）

『エレミヤの生涯』（一麦出版社、1994 年）

『ギリシア政治思想史』（北樹出版、1997 年）

『釈尊の歴史的実像』（大学教育出版、1997 年）

孔子と古代オリエント

2003 年 4 月 10 日　初版第 1 刷発行

■著　者——磯部　隆

■発行者——佐藤　守

■発行所——株式会社 **大学教育出版**

〒700-0953　岡山市西市 855-4

電話 (086) 244-1268　FAX (086) 246-0294

■印刷所——互恵印刷(株)

■製本所——(有)笠松製本所

■装　丁——ティー・ボーンデザイン事務所

ISBN4-88730-512-5